Welpenerziehung für Anfänger: Der ultimative Hunderatgeber

Wie Sie Ihren Junghund richtig erziehen und trainieren – praxisnahes Hundecoaching inkl. 25 lustige Hundespiele

Max Fröhlich

2. Auflage

2020

Inhaltsverzeichnis

Vorwort

Wenn ein kleiner Vierbeiner in die Familie kommt, ist das für alle Familienmitglieder Groß und Klein eine ganz besonders aufregende Zeit. In den ersten Tagen, Wochen und Monaten stehen viele Änderungen an und die kleine Fellnase wird von Tag zu Tag vertrauter mit den Regeln der Menschen.

Auch der Körper des kleinen Welpen verändert sich stetig: Seine Knochen wachsen, seine Muskeln werden immer kräftiger und seine Sinne zunehmend schärfer. Die ersten zwei bis drei Hundejahre sind von entscheidender Bedeutung für das Leben Ihres kleinen Hundes. Damit diese Zeit für den kleinen Vierbeiner wie auch für Sie eine Bereicherung wird, möchte Ihnen dieser Ratgeber wertvolle Basisinformationen rund um eine gesunde und gelungene Welpen-Erziehung vermitteln.

Was muss im neuen Zuhause alles vorbereitet und gesichert werden, bevor der Welpe einziehen kann? Wie ist der kleine Hund artgerecht und gesund zu ernähren? Wie sieht die ideale Fell-, Pfoten-, Ohren- und Zahnpflege aus? Was ist zu beachten, wenn andere Vierbeiner oder Kinder mit dem Welpen unter einem Dach leben? Warum ist Spielen eigentlich so wichtig und wie bedeutsam ist die Regeneration für den Hund?

Auf all diese und ähnliche Fragen möchte dieses Buch Antworten geben – alltagsnah und verständlich.

Schon im frühesten Hundealter ist eine gute Erziehung die Basis für ein glückliches gemeinsames Zusammenleben. Die Anpassung des Welpen an das menschliche Leben – inklusive aller dazugehörigen Regeln – ist nämlich ein zentraler Baustein.

Wer die Welpen-Erziehung und das Training von Anfang an korrekt angeht, kann im Junghundealter optimal darauf aufbauen.

Dieses Buch möchte Sie dabei unterstützen, Ihren Vierbeiner besser zu verstehen und ihm den Start in seiner neuen Familie zu erleichtern. Ein tieferes Verständnis füreinander sorgt auch automatisch dafür, dass Sie mit Alltagsherausforderungen leichter und besser umgehen können.

Ich wünsche Ihnen viel Freude beim Lesen und Entdecken. Haben Sie einen großartigen Start mit Ihrem Welpen und genießen Sie die nun bevorstehende spannende und mit Sicherheit unvergessliche Zeit!

Das 1x1 der Welpen-Erziehung – worauf kommt es an?

Wie bei kleinen Kindern gilt im Grunde auch bei Welpen dasselbe Motto: Erziehung ist grundlegend wichtig und muss für ein gelungenes Zusammenleben einfach sein!

Bevor der Welpe in seinem neuen Zuhause bei Ihnen einziehen kann, hatte er hoffentlich acht bis elf Wochen lang eine unbeschwerte Kindheit bei seiner Hundemutter und seinen Welpen-Geschwistern. Im besten Fall werden kleine Welpen in einem sogenannten Welpen-Auslauf beim Hundezüchter groß. Doch es gibt glücklicherweise auch sehr viele Menschen, die sich dafür entscheiden, einem kleinen Hund aus dem Tierheim oder aus ärmlichen Straßenverhältnissen eine schöne neue Zukunft zu schenken.

Für Sie ist es am Anfang wichtig zu wissen, dass der Welpe in seinem bisherigen Hundeleben schon zahlreiche Eindrücke gesammelt hat. So kennt er bereits viele verschiedene Geräusche, hat unterschiedliche Menschen kennengelernt und vielleicht auch schon eine Entdeckungstour erlebt. Auch die „erste Erziehung“ durch die Hundemutter ist von großer Bedeutung, vor allem dann, wenn der kleine

Hundewelpe vom Züchter kommt. Das kleine Hundekind kennt dann bereits erste eigene Grenzen, aber auch solche Emotionen wie Vertrauen, Zuneigung und Geborgenheit.

Im besten Fall hat sich beim Welpen bereits ein Grundvertrauen Menschen gegenüber entwickelt. Bei Ihnen muss die Hundeerziehung nun fortgeführt werden, denn der Hund begleitet Sie und Ihre Familienmitglieder durch jeden Lebensbereich im Alltag. Sie werden andere Mitmenschen treffen und ebenso andere Vierbeiner. Sie werden gemeinsam in der freien Natur spazieren gehen, spielen und vielleicht auch verreisen. Benehmen und Folgsamkeit sind da natürlich zentrale Stichworte.

Eine konsequente, aber liebevolle Erziehung ist einfach ausschlaggebend für das Zusammenleben von Mensch und Hund. Und für die Welpen-Erziehung gilt definitiv das Motto: „Je früher, desto besser!“

Kleine Hunde sind sehr neugierig, wissbegierig und stehen allem neuen noch unvoreingenommen gegenüber. Das können Sie in der Erziehung definitiv für sich nutzen und zwar auf eine schöne und spielerische Art und Weise. So haben Sie die besten Chancen, um Ihrem Welpen etwas Neues beizubringen – eben mit viel Herz, aber auch mit Konsequenz.

So steht einer friedlichen und stressfreien Hunde-Mensch-Zeit nichts mehr im Weg!

Wie lernt ein kleiner Welpe überhaupt?

Die neue Umgebung ist dem Welpen zunächst einmal völlig fremd, dennoch abwechslungsreich und auch sehr spannend. Es gibt Kabel, Möbel, Teppichfransen, Decken und Schuhe – alles Gegenstände, an denen sich wunderbar herumkauen lässt. Auch in Blumenbeeten und Blumentöpfen lässt sich ausgezeichnet buddeln und der weiche Teppich im Wohnzimmer lädt förmlich dazu ein, darauf sein Geschäft zu verrichten. Das kleine Hundekind muss einfach noch so vieles lernen...

Doch seien Sie ganz unbesorgt: Hunde sind sehr anpassungsfähige Lebewesen, die sehr leicht und schnell lernen! Doch wie kann dem Hund überhaupt begreifbar gemacht werden, was er darf und was nicht? Wann sollten die Erziehungsmaßnahmen im Idealfall beginnen? Die Antwort auf diese Fragestellung lautet eindeutig: Sofort! Sobald Ihr Welpe bei Ihnen zuhause eingezogen ist, befindet er sich in der nächsten grundlegend wichtigen Entwicklungsphase: Die Erziehung und das gemeinsame Zusammenleben beginnen!

Doch wie lernen nun Hunde eigentlich?

Der Hund lernt, indem er bestimmte Dinge miteinander verknüpft. So zeigt er gerne Verhaltensweisen wieder, die ihm aus seiner Sicht einen Nutzen, einen Vorteil eingebracht haben. Bekommt er beispielsweise für „Sitz“ wiederholt ein Leckerli, wird er sich gerne wieder hinsetzen. Zerrt er an der Leine und Sie gehen mit, lernt er, dass er durch Zerren dahin kommt, wohin er möchte. Auf der anderen Seite lernt er natürlich auch, etwas zu unterlassen – nämlich genau dann, wenn er mit einem bestimmten Verhalten keinen Erfolg hat oder sogar etwas Negatives darauf folgt. Zum Beispiel wird er nicht mehr am Tisch betteln, wenn Sie ihn nicht beachten.

Ihr Vierbeiner lernt nicht nur, wenn Sie ganz bewusst etwas mit ihm üben, sondern er lernt den ganzen Tag. Denn Ihr felliger und niedlicher Mitbewohner beobachtet Sie sehr genau. Ziehen Sie beispielsweise immer dieselbe Jacke an, wenn Sie mit Ihrem Vierbeiner nach draußen gehen, wird er nach kurzer Zeit schon schwanzwedelnd bereitstehen, sobald Sie nach dieser Jacke greifen. Er kann auch zum Beispiel Familienmitglieder bereits an ihrem Schritt erkennen, bevor sie zur Haustür hereinkommen. Die Beobachtungsgabe eines Hundes ist tatsächlich herausragend und im Rahmen der Erziehung von zentraler Bedeutung.

Grundregeln, Strukturen & Grenzen – das A und O

Hunde müssen von Anfang an ihre Stellung innerhalb der Familie kennen und ebenso ihre Grenzen. Das ist die beste Grundlage für eine harmonische Stimmung im gemeinsamen Zuhause und grundlegend wichtig für eine gesunde Hunde-Entwicklung.

Hunde gehören zu den Rudeltieren und sind somit für ihr seelisches Wohlbefinden auf klare Regeln und Strukturen angewiesen. Ein nachlässiges oder unsicheres Herrchen oder Frauchen verwirrt Hunde nur: Das würde nicht nur zu unerwünschten Verhaltensweisen führen, sondern zum Teil auch zu sehr gefährlichen. Des Weiteren lässt sich ein früh erlerntes Verhalten bei einem erwachsenen Hund nur noch sehr schwer abgewöhnen.

Auf eines sollten Sie sich in jedem Fall einstellen: Ein kleiner Welpe wird Ihr Familienleben gehörig durcheinanderwirbeln und für jede Menge Action im Haus sorgen! Umso wichtiger ist es, dem aktiven, vierbeinigen Wirbelwind durch eine adäquate Erziehung von Beginn an zu verdeutlichen, was er darf und was eben nicht.

Ihr neues Familienmitglied wird es Ihnen durch seinen treuen Blick und seine süßen, tapsigen Pfötchen mit Sicherheit nicht leicht machen, wenn es darum geht, Regeln konsequent durchzusetzen. Denn Hand auf´s Herz: Wer kann schon einem niedlichen kleinen Welpen widerstehen, wenn er sich ins Bett kuscheln möchte oder am Tisch mit dabei sein will. Doch wenn nicht schon von Anfang an feste Regeln gelten, wie soll dann nur der erwachsene Hund verstehen, dass so manche „Privilegien aus der Welpenzeit“ nun nicht mehr gelten?

Sie müssen für sich selbst exakt definieren, wie Sie sich das Zusammenleben mit dem Vierbeiner konkret vorstellen. Welches Verhalten ist Ihnen besonders wichtig und was werden Sie keinesfalls dulden? Halten Sie von Anfang an eine konsequente Linie ein, denn auf diese Weise geben Sie Ihrem Hund auch eine wichtige Sicherheit: Er weiß genau, was er darf, wo sein „Plätzchen“ ist und wird Ihnen auch später keine Probleme bereiten.

Zu den wichtigsten Grundlagen der Welpen-Erziehung gehört nicht nur das Einüben der Signale und Grundkommandos. Kleine Vierbeiner müssen sich erst einmal in der neuen Umgebung einleben und Vertrauen zu den neuen Herrchen und Frauchen aufbauen. Sie müssen die Familienregeln verstehen und auch den Umgang mit fremden Menschen und Artgenossen lernen.

Die ersten Tage nach der Ankunft des Welpen im neuen Zuhause, sollten Sie sich am besten frei nehmen. Kuscheln Sie viel mit Ihrem Hund, rufen Sie ihn beim Namen und spielen Sie mit der Fellnase. Geben Sie ihm Leckerlis, die er aus Ihrer Hand fressen darf und bauen Sie schrittweise Vertrauen zu ihm auf. Auf diese Weise schaffen Sie die beste Grundlage dafür, dass sich Ihr Hund wohlfühlt – und das ist die wichtigste Basis für die Erreichung aller weiteren Ziele in der Hundewelpen-Erziehung.

Einen Welpen richtig erziehen bedeutet auch, Grenzen aufzuzeigen. Kleine Vierbeiner erkunden die Welt um sich herum gerne mithilfe des Mauls. Sie wissen noch überhaupt nicht, dass Teppiche und Möbel wertvoll sind. Zudem verstehen kleine

Welpen auch noch nicht, dass Menschen in punkto Beißen nicht so resistent sind wie ihre Hundegeschwister. „Beißhemmung“ ist hier das wichtige Stichwort, doch dazu gleich noch mehr.

Es ist von zentraler Bedeutung, dem Hund schon frühzeitig konsequent aufzuzeigen, wo die Grenzen liegen und ihn für unerwünschte Verhaltensweisen auch mal zu tadeln. Ebenso muss der kleine Vierbeiner aber auch ausgiebig gelobt und belohnt werden, wenn er ein erwünschtes Verhalten zeigt.

Grenzen müssen übrigens auch bei übermäßigem Knurren, Bellen oder Betteln am Esstisch gesetzt werden. Wenn der Welpe dieses Verhalten zeigt, möchte er in erster Linie Aufmerksamkeit. Das Beste ist es also, ihn zu ignorieren. Wenn Sie dem kleinen Vierbeiner die Aufmerksamkeit verwehren, dann wird er schon sehr bald lernen, dass sein Verhalten nicht zielführend ist und es einfach unterlassen.

„Ignoranz“ ist ein Erziehungsmittel, das schon die Hundemutter eingesetzt hat. In der Prägungsphase kleiner Hunde ist Ignoranz ein sehr wichtiges Verhalten. Wenn die Welpen ein zu forderndes oder unerwünschtes Verhalten zeigen, werden sie einfach kurzzeitig ignoriert. Damit hat die Hundemutter in den meisten Fällen auch großen Erfolg, denn die Welpen sind zwischen der vierten und der achten Lebenswoche noch nicht so ausdauernd in ihrer Zielverfolgung.

Zudem fehlt es ihnen natürlich auch wesentlich an Durchsetzungsvermögen. Wenn der Welpe also bellend und hüpfend um seine Mutter umherspringt, um sie zum Spiel aufzufordern, ignoriert sie ihn einfach. Selbst wenn er versucht, sie in die Pfote zu beißen, erfolgt keine Reaktion. Kurze Zeit später stellt der Welpe seinen Versuch ein.

In der Sozialisierungsphase verändert sich das Verhalten der Hundemutter. Bereits zum Ende der Prägungsphase in der achten Woche wird das Erziehungsmittel „Ignoranz" seltener eingesetzt. Nun korrigiert die Hundemutter deutlich häufiger! Der Welpe ist ausdauernder, er hüpft viel länger bellend um seine Mutter herum und beißt diese unter Umständen sogar kräftig in die Pfote. Das kann dann auch schon mal ganz schön schmerzhaft ausarten. Hier wartet die selbstbewusste Hundemutter nicht lange ab, sondern signalisiert dem Nachwuchs, was Sachlage ist und welches Verhalten künftig der Vergangenheit angehören sollte.

Das Erziehungsmittel der Ignoranz ist also eine Maßnahme, die auch der Mensch bei der Welpen-Erziehung anwenden kann und auch sollte. Insbesondere dann, wenn der Welpe zu vehement etwas einfordert, wird er ignoriert. Er bekommt also kurzzeitig keine Aufmerksamkeit mehr, das heißt, er wird weder angesprochen, noch angeschaut. Das vermittelt dem Hund ganz eindeutig, dass er mit seinem Verhalten keinen Erfolg hat. Infolgedessen wird er dieses Verhalten in Zukunft auch nicht mehr zeigen.

Sobald der Welpe jedoch bestimmte Grenzen überschreitet und Sie zum Beispiel in die Zehen beißt, werden Sie mit dem Erziehungsmittel der Ignoranz nicht mehr Vorwärtskommen. Hier braucht es eine entschiedene Verhaltenskorrektur, indem dem Vierbeiner ein Tabu gestellt wird!

Grundsätzlich lässt sich zwischen drei unterschiedlichen Handlungen differenzieren:

1. Sie können den kleinen Vierbeiner ignorieren
2. Sie können dem Welpen signalisieren, dass eine Aktion nun umgehende beendet ist: „Schluss!“
3. Sie können das Hundekind für sein gezeigtes Verhalten korrigieren: „Tabu!“

„Schluss“ – ein sehr wichtiges Abgrenzungssignal

Ein äußerst bedeutsames Signalwort ist „Schluss“ und auch das wendet die Hundemutter bei ihrem Nachwuchs an. So schnappt sie sich beispielsweise einen Gegenstand wie etwa einen Tannenzapfen und beginnt damit zu spielen. Sie wirft ihn in die Luft und weckt auf diese Weise die Neugier und das Interesse der Welpen. Anschließend beginnt sie ein Rennspiel und bezieht die kleinen Hundekinder aktiv mit ein. Nach einiger Zeit lässt sie dann schließlich den Zapfen liegen und wendet sich ab:

Damit ist das Spiel beendet! Selbst wenn eines der Hundewelpen nun mit dem Zapfen zu ihr gelaufen kommt, beginnt die Hündin kein weiteres Spiel mehr.

Wir Menschen sollten uns diese Erziehungsmethode abschauen und auch das Signal „Schluss“ aufbauen. Es bedeutet den Abbruch einer Handlung, die im Allgemeinen aber erlaubt oder sogar erwünscht ist. Die Botschaft, die hier im Vordergrund steht ist: „Hör auf mit dem, was du gerade tust!“ Am häufigsten findet das Schluss-Signal Anwendung im gemeinsamen Spiel zwischen dem Menschen und dem Vierbeiner: Der Welpe muss lernen, dass Sie nicht pausenlos mit ihm spielen können. Dieses Signal können Sie genauso anwenden, wenn Sie später einmal das Spiel Ihres Vierbeiners mit einem Artgenossen beenden möchten. Das kann zum Beispiel erforderlich sein, wenn die Hunde immer wilder miteinander toben und immer emotionsgeladener sind. Beenden Sie in einem solchen Fall das Spiel mit dem Schluss-Signal und geben Sie beiden Hunden somit die Gelegenheit, wieder runter zu kommen.

Aufbauen müssen Sie das Signal aber in einer nicht erregten Situation. Eine gute Möglichkeit, um dem Hund dieses Kommando verständlich zu machen, ist ein Spiel damit zu beenden. Beginnen Sie erst einmal ausgelassen und spielen Sie freudig mit Ihrem kleinen Welpen. Sprechen Sie mitten im Spiel ruhig, aber bestimmt das Signal „Schluss“ aus. Stehen Sie dann auf und gehen Sie von Ihrem kleinen Hund weg. Beteiligen Sie sich nun auch nicht mehr am Spiel, ganz egal, was Ihr Welpe auch versucht, um sie wieder zum Spielen zu animieren.

Mit dem Schluss-Signal können Sie auch jede weitere alltägliche Handlung beenden. Hier spielt es keine Rolle, ob Ihr Welpe von einem Kauknochen ablassen soll, auf dem er eine ganze Weile umhergekaut hat oder ob mit diesem Signal eine Trainingseinheit beendet wird.

Es ist sehr wichtig, dass der Welpe versteht, dass das Schluss-Signal auf keinen Fall bedeutet, dass eine Handlung nie mehr wieder durchgeführt werden soll, sondern nur, dass sie jetzt in diesem Moment beendet werden soll. „Schluss" bedeutet also die Beendigung einer schönen Handlung wie zum Beispiel eines Spiels, doch das Signal ist dennoch keine Korrektur für den Vierbeiner. Infolgedessen wird der Welpe dieses Signal auch nicht als etwas negativ Behaftetes empfinden.

Das Abgrenzungssignal „Tabu"

Kaum etwas ist schlimmer als ein ungehorsamer Hund, der absolut keine Grenzen kennt und respektiert. Oder wie würden Sie es empfinden, wenn Sie permanent „Nein" zu Ihrem Vierbeiner sagen müssten? Sie sind ein intelligenter Sozialpartner für Ihren Hund und müssen glaubwürdig für ihn bleiben. Der Hund darf seinen Namen nicht permanent in einem negativen Kontext erleben – so etwa in Verbindung mit dem Wort „Nein" – ohne jedoch eine negative Konsequenz zu erleben.

Das „Tabu-Signal" entspricht dem Knurren der Hundemutter, die ihren Nachwuchs damit warnt, dass nun bald eine physische Konsequenz folgt, wenn das aktuelle Verhalten nicht sofort eingestellt wird. In der Regel folgt auf das Knurren der Hundemutter ein Schnauzgriff.

Gehen Sie folgendermaßen vor, um das Tabu-Signal aufzubauen:

Beginnen Sie mit einem Gegenstand zu spielen, den Ihr kleiner Welpe nicht haben soll. Spielen Sie anschließend so auffällig und ausgelassen damit, dass das Hundekind ein immer größeres Interesse daran entwickelt. Halten Sie schließlich kurz inne, lassen Sie den Gegenstand vor sich hinfallen und zeigen Sie sich für einen Augenblick an uninteressiert. In dem Moment, in dem der Vierbeiner nun den Gegenstand schnappen möchte, beugen Sie sich vor und fixieren ihn. Sagen Sie mit ruhiger aber deutlicher Stimme das Wort „Tabu" und korrigieren Sie den Vierbeiner eventuell mit einem Schnauzgriff. Dieser Griff sollte so fest sein, dass der Welpe beeindruckt von seiner begonnenen Handlung ablässt. Der Griff sollte aber keinesfalls so fest sein, dass der kleine Vierbeiner eingeschüchtert zu fliehen versucht und sich die nächsten Tage gar nicht mehr in Ihre Nähe traut.

Wenn Sie unsicher sind, wie stark sie Ihren Welpen korrigieren dürfen oder sollten, dann fragen Sie bitte einen professionellen Hundetrainer um Rat, denn die Griffintensität ist zum Beispiel von Hund zu Hund unterschiedlich.

Unmittelbar nach der Korrektur sollten Sie den Welpen ignorieren. Aller Wahrscheinlichkeit nach wird das Hundekind erst einmal überrascht sein und muss die erlebte Situation erst einmal kurz verarbeiten. Lassen Sie ihm dazu auch unbedingt die Zeit.

Versuchen Sie auf keinen Fall, den Welpen zu sich zu locken, denn das könnte für das Hundekind schnell bedrohlich wirken: Schließlich haben Sie ihn ja gerade für das Nahekommen korrigiert. Sollte das Hundekind nun jedoch von sich aus, Ihre Nähe suchen und sich beschwichtigend verhalten – also mit angelegten Ohren oder abgewendetem Blick – dann sollten Sie das natürlich auch zulassen. Zeigen Sie ihm, dass er Willkommen ist, solange er sich Ihrer Beute nicht nähert.

Das sollten Sie auch so umsetzen, wenn Sie später einmal das „Tabu"-Signal für eine Verhaltenskorrektur einsetzen. Vielleicht sind Sie gerade sehr verärgert auf Ihren Welpen, weil er Ihr kostbares Sofa angebissen hat. Wenn er nach der Korrektur dieses Verhalten jedoch einstellt und beschwichtigend ankommt, müssen Sie ihm auch verdeutlichen, dass Sie nun nicht mehr verärgert sind.

Vierbeiner sind nicht nachtragend und aus diesem Grund kann ein Hund nicht verstehen, wenn Sie noch länger mit ihm ruppig umgehen oder ihn strafend ignorieren.

Wiederholen Sie diese Übung einige Male, wechseln Sie dabei jedoch immer wieder den Gegenstand und am besten auch die Örtlichkeit. Denn nur so kann der Hund einen eindeutigen Bezug zum Signalwort „Tabu“ bekommen. Dieses soll ja nicht nur an einen bestimmten Gegenstand oder Ort gebunden sein. Bereits nach wenigen Wiederholungen reicht das Wort „Tabu“ aus, um den kleinen Hundewelpen von einer unerwünschten Handlung abzuhalten. Setzen Sie das Tabu aber bitte nicht permanent ein, denn sonst nutzt es sich irgendwann ab.

Die Beißhemmung

Sehr wichtig ist im Zusammenhang mit dem Aufzeigen von Grenzen wie bereits erwähnt, auch die sogenannte Beißhemmung. Wenn Sie Ihren Welpen vom Züchter zu sich nach Hause holen, hat dieser im Allgemeinen schon erlernt, dass es verboten ist, Menschen in ihre Schuhe, Schnürsenkel oder gar in Füße und Hände zu beißen. Genau dieses Beißhemmungs-Training müssen Sie nun im neuen Welpen-Heim weiter fortführen.

Kleine Hundegeschwister dürfen beim Spielen und Toben auch mal etwas fester hin und her geschüttelt oder ins Fell gebissen werden, ohne dass es dabei zu starken Schmerzen oder Verletzungen kommt. Beim Menschen geht das auf keinen Fall!

Dieses Verhalten, das der Welpe also beim Spielen mit den Artgenossen zeigt, darf also keinesfalls in gleicher Weise beim Herrchen oder Frauchen angewendet werden, denn Menschenhaut ist wesentlich empfindlicher.

Es gibt nun mal Grenzen im Spiel, vor allem auch in punkto beißen. Wenn sich der Welpe hier nicht an bestimmte Regeln hält, muss er die entsprechenden Konsequenzen für sein Fehlverhalten tragen. Setzt der kleine Hund zum Beispiel beim Spielen seine Zähne ein, müssen Sie das Spiel umgehend abbrechen. Sie könnten dabei auch ein kurzes Schmerzsignal wie etwa „Au" aussprechen, dass Ihrem Welpen zeigen würde, dass sein Verhalten Ihnen weggetan haben kann.

Des Weiteren sollten Sie sofort aufstehen, sich von der Spielfläche entfernen und das Hundekind für einen kurzen Moment ignorieren. Auf diese Weise lernt der kleine Vierbeiner ganz flott, dass die schöne Spielzeit vorbei sein kann, wenn er zu wild ist und sich nicht an die Spielregeln hält.

Bei einigen Welpen werden Sie jedoch allein durch Ignorieren keinen Erfolg haben. In einem solchen Fall müssen Sie den kleinen Vierbeiner für sein zu festes Zubeißen sofort korrigieren. Dafür können Sie beispielsweise den Schnauzgriff anwenden. Diesen hat schon die Hundemama bei ihrem Nachwuchs angewendet, wenn mal bestimmte Grenzen überschritten wurden: Dabei hat sie mit ihrer Schnauze kurz über den Fang des kleinen

Welpen gegriffen, häufig in Kombination mit einem verärgerten Knurrgeräusch.

Auch Sie können diesen Schnauzgriff nun nachahmen, wenn Ihr Welpe einmal zu kräftig anpacken sollte. Verbinden Sie das feste Zuhalten seines Fangs mit einem Signalwort wie zum Beispiel „Aus“ oder „Schluss“: Das verknüpft Ihr Hund für sich in seinem Kopf und hat nach wenigen Wiederholungen verstanden, dass ein solches Verhalten nicht erwünscht ist. Später reicht dann bereits das Signalwort aus, um den kleinen Welpen an seine Grenzen zu erinnern.

Es kann auch hin und wieder einmal vorkommen, dass der Welpe die definierten Grenzen nicht einfach so hinnehmen möchte und durch die Verhaltensmaßregelung scheinbar nur noch mehr aufgestachelt wird. Ob das der Fall ist, hängt von der jeweiligen Situation und auch vom Charakter des Vierbeiners ab. Wenn es aber dazu kommt, dann ist das oft ein klares Anzeichen dafür, dass es im Vorfeld zu viel Action gab. Der Welpe ist überdreht und kann keinen klaren Gedanken mehr fassen. In solchen Fällen hilft dann nichts außer eine Pause. Der Hund ist in dem Augenblick ohnehin nicht aufnahmefähig, also fangen Sie bitte gar nicht erst an, mit ihm zu diskutieren oder ihn zu schimpfen.

Vermeiden Sie solche schwierigen Situationen, denn diese sind nicht nur für Sie sehr unzufriedenstellend, sondern auch für den kleinen Hund. Helfen Sie stattdessen Ihrem Welpen, sich auch zwischendurch mal zu entspannen und kleine Pausen vom Toben und Spielen einzulegen.

Entspannen kann sich der kleine Welpe ideal im Hundekorb. Locken Sie ihn nicht permanent zum Spielen und achten Sie darauf, dass auch Kinder den kleinen Hund nicht ständig in Bewegung halten. Der Welpe soll auch einfach mal ruhig in seinem Körbchen liegen bleiben, ein wenig schlafen oder das Familiengeschehen einfach nur beobachten dürfen.

Streicheln Sie ihn ein wenig und ermutigen Sie ihn im Körbchen zu bleiben. So sammelt er Kraft für neue Spieleinheiten.

Wieso bellt Ihr Hund und wie können Sie es ihm abgewöhnen?

Es gibt verschiedene Gründe, warum Ihr Hund bellt. Bevor Sie damit beginnen, Ihrem Hund das Bellen abzugewöhnen, sollten Sie erstmal die Hintergründe verstehen. Wichtig ist, dass Sie sich erstmal darüber bewusst sind, dass bellen zum Hundealltag dazugehört.

Für Hunde ist das Bellen eine Art Belohnung. Sie schütten Glückshormone durch Bellen aus. Hat Ihr Vierbeiner das erst einmal gemerkt, kann es schwer werden, ihm das abzugewöhnen. Für Ihre Fellnasen ist Bellen aber noch weit mehr, nämlich der Ausdruck von Gefühlen.

Es gibt hier unterschiedliche Gefühle, die je nach Hund und Rasse unterschieden werden können:

- Überforderung: Dauerhaftes bellen, fast schon monoton
- Freude: lautes, tonales Bellen
- Unmut oder Bedrohung: atonales oder sehr eindringliches, geräuschhaftes Bellen

Es gibt verschiedene Gründe dafür, warum Hunde ständig am Bellen sind. Zum einen kann es damit zu tun haben, dass Ihr Hund nicht ausgelastet ist und er sich langweilt. Oftmals möchten die Vierbeiner die Aufmerksamkeit vom Besitzer und fordern dies durch lautstarkes Bellen ein. Ebenso können aber Situationen auftreten, in denen Ihr Vierbeiner ängstlich oder unsicher ist. Genau in diesen Momenten beginnen Hunde zu bellen, um sich bemerkbar zu machen und ihre Gefühle zum Ausdruck zu bringen. Es gibt Situationen, in denen beginnt Ihr Hund bereits beim Betätigen der Türklingen zu Bellen. In diesen Momenten macht sich Ihre Fellnase bemerkbar und möchte sich „aufspielen". Hunde verfügen von Natur aus über einen gewissen Schutzinstinkt und diesen beginnen sie auszuleben in solchen Momenten.

Wie sollten Sie sich im Alltag mit Ihrem Welpen richtig verhalten?

Damit Sie und Ihr Welpe lange Zeit eine gute Beziehung zueinander haben, ist es besonders wichtig, dass Sie bei der Erziehung gleich richtig beginnen.

Versuchen Sie ein paar Grundregeln zu beachten, wenn Sie Ihrem Vierbeiner das Bellen abgewöhnen möchten. Das gelingt im Alltag nicht immer sofort, aber Sie werden sehen, dass es sich auszahlt.

Kleine Trickkiste für den Alltag

- Versuchen Sie mit Streicheleinheiten oder Massagen beruhigend auf Ihren Vierbeiner einzuwirken, wenn dieser mal wieder lautstark bellt.
- Fördern und fordern Sie Ihren Hund geistig und körperlich, damit dieser immer gut ausgelastet ist. Hunde brauchen viel Zuneigung und ausreichend Bewegung, damit sie gesund und glücklich sind. Achten Sie darauf, dass Ihre Fellnase sich immer ausreichend auspowern kann. Bringen Sie Abwechslung in den Alltag und toben oder spielen Sie immer wieder mit dem Vierbeiner. Oft hilft das und Ihre Fellnase hört mit dem Bellen auf.
- Falls Sie in eine stressige Situation geraten, ist es wichtig, dass Sie ruhig bleiben. Ihr Hund spürt sofort, wie es Ihnen geht und wenn Sie gestresst sind. Versuchen Sie daher ruhig zu bleiben, damit sich diese Ruhe und Gelassenheit auch auf Ihren Vierbeiner überträgt.

Selbst wenn es Ihnen im Alltag oftmals nicht immer gelingt, so ist es doch wichtig, dass Sie ständig weiter üben, um Ihrem Vierbeiner in gewissen Situationen das Bellen abzugewöhnen.

Wieso beißt Ihr Hund und was Sie jetzt tun sollten?

Es gibt viele Auslöser, warum Ihr Hund beginnt zu schnappen. Es kann zum Beispiel sein, dass Ihr Hund gestresst oder nervös ist. Vielleicht leidet der Vierbeiner unter Schmerzen oder Angst. Unterforderung und Langeweile können bei Ihrem Hund ebenfalls dazu führen, dass er zu schnappen beginnt. Gerade bei Hunden ist es von entscheidender Bedeutung, dass sie gleich von Anfang an lernen, wie die Rangordnung ist. Ansonsten kann es schnell passieren, dass die Vierbeiner zu schnappen beginnen und sich dominant beweisen möchten.

Versuchen Sie unbedingt herauszufinden, warum Ihr Hund schnappt. Nur so können Sie effektiv etwas dagegen tun, um auch Ihrem Hund zu helfen.

Ganz wichtig ist auf jeden Fall, dass das Schnappen des Hundes unterbunden werden muss. Achten Sie darauf, dass Sie auf Ihren Vierbeiner nicht aggressiv reagieren. Ansonsten kann es schnell passieren, dass Ihre Fellnase aggressiv wird und weiter zu beißen beginnt.

Wenden Sie sich unbedingt an einen Hundetrainer, wenn Sie beobachten, dass Ihr Vierbeiner oft schnappt.

Ganz entscheidend ist, dass Ihre Fellnase die Rangordnung versteht. Achten Sie bei der Erziehung darauf, dass Ihr Vierbeiner Ihnen gehorcht und Sie eine korrekte Rangordnung haben.

Falls Ihr Hund nach dem Futter oder anderen Gegenständen schnappt, dann sollten Sie ihm das Futter entfernen. Sobald Ihr Hund nach Gegenständen oder dem Futter schnappt, müssen Sie hier konsequent sein und ein gewisses Durchhaltevermögen zeigen.

Ganz wichtig ist für eine korrekte Erziehung bei Ihrem Welpen, dass Sie sich professionelle Hilfe von einem Hundecoach holen. Gerade wenn die Vierbeiner beginnen zu schnappen, dann sollten Sie einen Experten um Rat und Unterstützung bitten.

Die Erstausstattung für den Welpen

Gerade am Anfang ist es wichtig, dass Sie gut ausgestattet sind, bevor Ihre Fellnase bei Ihnen einzieht. Nachfolgend finden Sie ein paar Tipps für die Erstausstattung.

Die richtige Ausstattung für zu Hause

- ✓ Näpfe für Wasser & Futter

- ✓ Korb oder Bett für den Welpen
- ✓ Spielzeug für den Vierbeiner
- ✓ Decke zum Kuscheln
- ✓ Untersetzer für die Futterstelle

Ausstattung für die Ernährung des Welpen

- ✓ Verschiedene Leckerchen
- ✓ Dentasticks & Knochen für die Zahnpflege
- ✓ Nassfutter & Trockenfutter

Pflegeausstattung für den Hund

- ✓ Zange für die Entfernung von Zecken
- ✓ Erste-Hilfe-Set für Hunde
- ✓ Shampoo für Hunde
- ✓ Handtuch
- ✓ Trimmer, Bürste oder Schermaschine

Die Ausstattung für unterwegs

- ✓ Kotbeutel
- ✓ Halsband oder Geschirr für den Welpen
- ✓ Adressanhänger
- ✓ Spielzeug zum Apportieren / Dummies
- ✓ Leuchtaccessoires für unterwegs

Utensilien für unterwegs

- ✓ Decke für das Auto & Schondecke
- ✓ Box zum Transportieren
- ✓ Schutzgitter für das Auto
- ✓ Napf für Reisen
- ✓ Trinkflasche für unterwegs
- ✓ Sicherheitsgeschirr für das anschnallen im Auto

Stubenreinheit – eine Grundlage der Welpen-Erziehung

Schon in den ersten Tagen zuhause sollten Sie die Stubenreinheit mit Ihrem Welpen trainieren, denn das ist von grundlegender Bedeutung für ein entspanntes Zusammenleben.

Gehen Sie mit Ihrem kleinen Welpen im Idealfall alle zwei bis drei Stunden an die frische Luft und loben Sie ihn, wenn er es schafft, sein Geschäft in der Natur zu verrichten und nicht im Haus oder in der Wohnung.

Tagsüber muss der kleine Vierbeiner im Allgemeinen recht schnell und oft. Aus diesem Grund sollten Sie ihn auch stets im Auge behalten. Das funktioniert tatsächlich dann am besten, wenn Sie permanent mit ihm in einem Raum sind.

Sobald Sie nun merken, dass der kleine Hund beginnt unruhig zu werden, am Boden zu schnüffeln, sich im Kreis zu drehen oder zur Tür zu gehen – sollten Sie ihn schnellstmöglich herausbringen. Ebenso sollten Sie schnell reagieren, wenn Sie merken, dass sich der Welpe plötzlich in die Hocke begibt. Ermuntern Sie den Kleinen nicht erst mit Ihnen nach draußen in den Garten zu gehen, sondern handeln Sie gezielt, denn hier ist Schnelligkeit gefragt: Nehmen Sie den Welpen hoch und tragen Sie ihn flott zu seinem „Löseplatz“ im Freien. Nun kann es noch einen kurzen Augenblick dauern, bis der Hund mit seinem „Geschäft beginnt“.

Sobald Sie merken, dass der Hund sich lösen möchte, können Sie ein Signalwort einführen, zum Beispiel „Beeil dich“ und ihn schnellstmöglich nach draußen bringen.

Bringen Sie den Hund auch immer wieder ins Freie, wenn er keine Anzeichen äußert, dass er sich gerne lösen möchte. Bringen Sie ihn nach dem Aufwachen, während des Spielens oder auch direkt nach der Fütterung nach draußen. Tun Sie das auch vor allem dann immer wieder zwischendurch, wenn Sie bemerken, dass er nun eine längere Zeit nicht mehr draußen war.

Das Thema „Stubenreinheit“ spielt vor allem auch nachts eine zentrale Rolle!

Bevor Sie selbst ins Bett gehen, sollten Sie den kleinen Welpen nochmals vor die Tür bringen. Tun Sie das so spät wie möglich und unbedingt auch dann, wenn der Welpe schon müde ist. Bekommt der kleine Vierbeiner auch über Nacht keine Gelegenheit, im Haus sein Geschäft zu verrichten, erlernt er schnell, wie er sich verhalten muss. Ein Hund beschmutzt in der Regel seinen Liegeplatz nämlich nicht. Wenn Sie nun verhindern, dass sich der Welpe nachts von seinem Schlafplatz entfernen kann – zum Beispiel durch eine Hunde-Box – wird das Tier zu winseln beginnen und unruhig werden. Sie werden davon wach, vor allem dann, wenn der Hund in Ihrer Nähe – zum Beispiel mit Ihnen in einem Raum – schläft.

In einem solchen Fall können Sie ihn dann einfach rausbringen, wenn er sein Geschäft verrichten muss.

Der Hund sollte also unbedingt – vor allem in der Anfangszeit – bei Ihnen sein, damit Sie ihn auch nachts hören und überhaupt reagieren können.

Ob der Welpe überhaupt nachts hinausmuss und wenn ja, wie oft, das lässt sich im Vorfeld absolut nicht vorhersagen. Einige Vierbeiner machen sich nachts auch deshalb bemerkbar, weil sie gerne spielen möchten oder nach Abwechslung suchen. Aus diesem Grund sollten Sie nächtliche „Touren zum Geschäft verrichten" kurz und bündig gestalten. Es sollte auf keinen Fall ein nächtlicher Ausflug in die Natur werden. Gehen Sie also nüchtern auf den Welpen ein und bringen Sie ihn unmittelbar danach wieder in sein Hundebettchen.

Bitte schimpfen Sie nicht mit dem kleinen Hundekindchen, wenn am Anfang noch nicht alles glatt läuft. Loben Sie ihn aber dafür jedes Mal, wenn er es schafft, sein Geschäft im Freien zu verrichten. Die Stubenreinheitserziehung funktioniert nun mal nicht von einem Tag auf den nächsten, sondern braucht einfach viel Geduld.

Allein zuhause sein

In den ersten drei Lebensmonaten sollten Sie Ihren Hund überhaupt nicht alleine lassen. Später können Sie langsam damit beginnen, Ihren Hund an das Alleinsein zu gewöhnen. Als Rudeltiere sehen Hunde den Menschen als Familienmitglied an und somit fällt jede Trennung besonders schwer, doch häufig ist es einfach unvermeidbar, denn Sie müssen vermutlich wieder in Ihre Arbeit zurück und die Kinder in die Schule.

Zu lange sollten Hunde aber wenn möglich nie allein bleiben, dennoch ist es aber wichtig, dass die Zeit, die allein zuhause verbracht wird, stressfrei und entspannt abläuft. Der Welpe muss einfach schon frühzeitig lernen, dass er nicht immer und überall hin mitgenommen werden kann.

Integrieren sie solche Trainingsübungen auf natürliche Weise in Ihren Alltag. Sie können am Anfang für einigen Minuten das Zimmer verlassen, ohne sich vom kleinen Vierbeiner zu verabschieden. Kommen Sie dann wenig später einfach wieder herein, so als sei nichts passiert.

Schrittweise können Sie die Zeitspanne, in denen Ihr Hund alleine bleiben soll, immer weiter ausdehnen. Erst wenn Sie sich sicher sein können, dass der Vierbeiner auch ruhig alleine zu Hause bleiben kann, können Sie das Haus für etwas längere Zeit verlassen.

Schlafenszeit – eine zentrale Erziehungsmaßnahme

Im Rahmen der Welpen-Erziehung darf das Schlafen üben nicht fehlen! Der kleine Hund braucht unbedingt ausreichend Ruhepausen. Er braucht wesentlich mehr Zeit, um die Eindrücke, die er tagsüber aufnimmt, für sich zu verarbeiten. Lassen Sie ihn daher auch unbedingt schlafen, wenn er sich zum Beispiel nach einem längeren Spaziergang in sein Körbchen zurückkuscheln möchte.

Überfordern Sie den Hund auch bitte nicht mit zu langen oder zu vielen Übungseinheiten. Sie müssen den niedlichen Vierbeiner nicht rund um die Uhr beschäftigen, denn schließlich können Sie das auch nicht im Alltag mit einem erwachsenen Hund so aufrechterhalten.

Im Schlaf regeneriert Ihr Hund und diese Zeit sollten Sie ihm unbedingt lassen!

Lästiges Hoch- und Anspringen vermeiden!

Das macht erfreulicherweise nicht jeder Vierbeiner, doch wenn er es mal macht, dann im Allgemeinen sehr hartnäckig. Dennoch empfinden es di ten Hundebesitzer und Besucher als äußers wenn sie vom Hund angesprungen werden. Bei einem kleineren Hund ist das vielleicht noch gar kein Problem, doch bei einem Labrador oder einem Schäferhund kann das schon ganz anders aussehen. Wenn erwachsene Hunde andere Menschen anspringen, sind die Ursachen dafür meistens in der Welpenzeit zu suchen.

Selbst Hundeexperten sind sich noch nicht wirklich sicher, was das Anspringen für den Vierbeiner bedeutet. Was auch immer aber damit bezweckt werden soll, um es langfristig zu vermeiden, müssen schon im Welpen-Alter die richtigen Erziehungsmaßnahmen erfolgen.

Wenn Sie merken, dass sich Ihr Hund schon an Ihrem Bein aufstellen möchte, sollten Sie das Signalwort „Nein“ aussprechen, um dieses Verhalten beim Hund zu unterbinden. Grundsätzlich haben Sie drei verschiedene Möglichkeiten, um Ihrem Vierbeiner das Abspringen abzugewöhnen:

1. Treten Sie einen großen Schritt zurück, damit Ihr Welpe beim Anspringen sozusagen das Ziel verfehlt und wieder auf allen vier Pfoten landet. Für das Tier ist das in der Regel ein recht unangenehmes Erlebnis und so wird er das Verhalten nicht nochmals wiederholen.
2. Drehen Sie dem Hund den Rücken zu, denn auf diese Weise verfehlt es sein Ziel ebenfalls und ändert sein Verhalten.

3. Sprechen Sie bestimmt die Kommandos „Nein“ und „Aus“ aus.

Pubertät beim Hund – langsam erwachsen werden

Vierbeiner in der Pubertät haben erstaunlicherweise sehr viele Gemeinsamkeiten mit heranwachsenden Jugendlichen. Hunde, die sich früher einmal musterhaft benommen haben, hören plötzlich nicht mehr wie gewohnt auf Signale und Kommandos oder gehen andere Artgenossen an. Für Herrchen und Frauchen mit Sicherheit keine leichte Situation. Eines sollte aber auf jeden Fall nicht aus dem Blick verloren werden: So anstrengend ein pubertierender Hund auch sein mag, er kann nichts für das momentane Verhalten. Der heranwachsende Vierbeiner ist sozusagen ein Opfer der großen Umbau-Aktionen in seinem Gehirn.

Die Pubertät beginnt beim Hund nach der Welpen-Zeit, sozusagen mit dem Zahnwechsel. Das ist ungefähr zwischen dem siebten und dem zwölften Monat. Diese Pubertät dauert ungefähr eineinhalb bis zwei Jahre an und in dieser Zeit brauchen Sie ordentliches Durchhaltevermögen! Kleinere Hunde kommen häufig früher in die Pubertät als große Hunde. Auch Hündinnen sind schneller geschlechtsreif als ein Rüde. Der Vierbeiner lotet in dieser Zeit seine Grenzen aus und gehorcht nicht mehr wie gewohnt den Kommandos. In der Pubertät beginnen Rüden mit anderen zu rivalisieren und erstes Interesse an Hündinnen zu zeigen.

In der Pubertät hat der Vierbeiner vor allem mit zwei wichtigen Veränderungen zu tun:

a. **Neuronale Veränderungen:** Diese sind vor allem durch starke Wachstumsschübe bedingt. Die Nervenzellen und das Gehirn des Hundes erfahren einen regelrechten Umbau. Zentrale Bindungen werden intensiviert, während sich weniger benötigte Bindungen zurückbilden. Es kommt vor allem in den kognitiven Hirnregionen zu Veränderungen – im sogenannten präfrontalen Cortex. Infolgedessen zeigen Hunde in der Pubertät oft impulsive Handlungen. Auch ein anderer Gehirnbereich, der sogenannte Mandelkern, entwickelt sich weiter: Das ist das Emotionszentrum, das für Gefühle wie Angst, aber auch Aggression zuständig ist.
b. In der Pubertät kämpfen Hunde auch mit hormonellen Schwankungen. Infolgedessen kann es dazu kommen, dass Vierbeiner in der Pubertät nervöser und stressanfälliger reagieren.

Solche Stimmungsschwankungen kennen wir auch aus der Pubertät bei uns Menschen.

Nach der Pubertät geht der Hund in die sogenannte Adoleszenzphase über, die ungefähr drei bis vier Jahre andauern kann. In der Pubertät ist es besonders wichtig, dass Sie liebevoll und geduldig sind, aber Ihrem Vierbeiner auch klare Grenzen aufzeigen. Während der Hunde-Pubertät sind somit vor allem drei Punkte besonders zu beachten:

1. Autorität beweisen – seien Sie der „Rudelführer"!

Vergessen Sie nicht, dass Sie der Chef sind und behalten Sie die Oberhand!

Zeigen Sie ruhig Verständnis für den pubertierenden Hund, doch lassen Sie ihm nicht alles durchgehen. Bleiben Sie sozusagen souverän und unbeeindruckt, wenn sich Ihre Fellnase mal wieder im Wechselbad der Gefühle befindet. Das vermittelt Ihrem Hund auch Sicherheit, denn so kann er sich an Ihren Gefühlen orientieren.

2. Haben Sie Geduld!

Der pubertierende Vierbeiner scheint so manche Dinge wohl verlernt zu haben oder fühlt sich zumindest nicht mehr angesprochen, wenn Sie etwas zu ihm sagen. Seien Sie bitte in dieser Zeit besonders verständnisvoll und widmen Sie Ihrem Hund gerade jetzt viel Zeit. Verstärken Sie erwünschtes Verhalten mit Lob und Belohnung. Oftmals genügt eine Auffrischung der Kommandos und Grundsignale.

3. Geben Sie Ihrem Vierbeiner ausreichend Schutz!

Ein Hund in der Pubertät kennt oftmals keine Gefahren und keine Risiken. Er manövriert sich somit oft in gefährliche Situationen. Haben Sie in diesen Lebenslagen ein wachsames Auge auf Ihren Vierbeiner und schreiten Sie, wenn nötig ein. Halten Sie Ihren Hund auch im wahrsten Sinne des Wortes an der kurzen Leine, wenn er beginnt, Streit mit Artgenossen zu suchen.

Unterrichtszeit – klare Signale & Grundkommandos

Im Rahmen der Welpen-Erziehung sind eindeutige Signale und Grundkommandos von unverzichtbarer Bedeutung. Auf diese Weise kommunizieren Sie auf einer eindeutigen Ebene mit Ihrem Vierbeiner und geben diesem exakt zu verstehen, was Sie sich von ihm in unterschiedlichen Lebenslagen wünschen beziehungsweise erwarten.

Sitz

Im ersten Moment denken viele Hundebesitzer, dass es lange dauern wird, bis Ihr Vierbeiner das Kommando „Sitz“ beherrschen wird. Sie selbst werden bei der Erziehung aber feststellen, dass Ihr Hundekind schneller als gedacht das „Sitz“ lernen wird.

- Bevor Sie mit dem Training beginnen, sollten Sie einen ruhigen Ort in Ihrer Wohnung wählen.
- Wählen Sie ein Leckerli aus und zeigen Sie es Ihrem Vierbeiner. Halten Sie es etwas über den Kopf Ihres Welpen. Damit Ihr erster Trainingsversuch ein Erfolg wird ist es wichtig, dass Ihr Hundekind unbedingt an

das Leckerli kommen möchte. Dann wird Ihr Welpe beginnen alles zu versuchen, um an das Leckerli zu kommen.

- Falls Ihr Hund nun beginnt zu springen, um an die Belohnung zu geraten, schließen Sie Ihre Hand.
- Lassen Sie Ihre Hand nun an Ort und Stelle und beobachten Ihren Welpen. Ihr Hundekind wird sich hinsetzen, wenn er nicht an das Leckerli kommt. Der Welpe wird nach oben schauen und genau in diesem Moment können Sie „Sitz" sagen und ihm die Belohnung geben.
- Ihr Hund wird vermutlich aufstehen, nachdem er das Leckerli gegessen hat. Lassen Sie ihn dies auch tun. Greifen Sie nicht ein aber beginnen Sie nach und nach die Übung zu wiederholen.

Platz

Das Ziel dieser Übung ist es, dass Ihr Vierbeiner in eine liegende Position kommt. Als mögliches Hörzeichen können Sie hier auch das Kommando „Down" oder „Runter" verwenden. Das oftmals genutzte Wort „Platz" kann hier für Ihre Fellnase schnell zu einer Verwirrung oder einem Missverständnis mit „Sitz" führen. Überlegen Sie sich deshalb im Vorfeld, welches Wort Sie gerne nutzen möchten.

- Beginnen Sie diese Übung wieder an einem ruhigen Ort. Hierfür können Sie auch gerne ein schönes Plätzchen im Freien aussuchen. Wählen Sie ein Leckerli aus, dass Ihrem Vierbeiner besonders gut schmeckt. Nehmen Sie dies nun zwischen Ihren Zeigefinger und Ihren Daumen.
- Führen Sie Ihre Finger nun in senkrechter Position an der Nase Ihres Welpen vorbei. Ihre Hand sollte in Richtung Boden kommen und etwas nach vorne hin ausgerichtet sein.
- Falls Ihr Hundekind bereits mit dem Kommando „Sitz“ vertraut ist, wird dieses Hörzeichen für ihn kein Problem sein. Der Welpe wird Ihrer Hand folgen und sich dann auf den Boden legen, damit er das Leckerli bekommt.
- Sobald Ihr Hund den Boden berührt, geben Sie ihm das Futterstück. Ihr Hund wird jetzt vermutlich schnell wieder aufstehen oder sitzen. Sagen Sie „Lauf“, wenn der erste Teil der Übung beendet wird.
- Seien Sie sich immer darüber im Klaren, dass Ihre kleine Fellnase noch nicht über eine große Geduld verfügt. Für die erste Trainingseinheit ist es deshalb wichtig, dass Ihr Hund sich die genauen Handzeichen einprägen kann. So lernt er, dass mit diesem Handzeichen das hinlegen verbunden ist. Diese Übung können Sie nun noch ein- bis zweimal wiederholen.

Bleib

Dieses Kommando können Sie erlernen, wenn Ihr Hundekind bereits das Kommando „Sitz“ oder „Platz“ gelernt hat.

- Das Ziel dieser Übung ist, dass Ihr Hund lernt ruhig sitzen oder liegen zu bleiben auch dann, wenn Sie sich entfernen und zum Beispiel den Raum verlassen.
- Nehmen Sie wieder Leckerlis in die Hand.
- Machen Sie nun einen halben Schritt von Ihrem Welpen weg. Geben Sie anschließend Ihrem Welpen das Leckerli.
- Steigern Sie nun schrittweise die Entfernung. Vergessen Sie nicht, Ihren Welpen zu belohnen, aber kommen Sie immer wieder zurück zu Ihrem Hund, bevor Sie ihn belohnen.
- Achten Sie darauf, dass Sie die Schritte der Entfernung immer variieren. Es wäre falsch, wenn Sie sich jedes Mal nur drei Schritte von Ihrem Hund entfernen. Ihr Hund soll nicht wissen, wie genau die nächste Übung aussehen wird.

Komm

Das ist nun die nächste Trainingsetappe nach dem Grundkommando „Bleib“:

- Sie können nun in einer zweiten Trainingseinheit Ihrem Welpen beibringen, dass er lernt, erst dann aufzustehen, wenn Sie es ihm sagen.

- Gehen Sie mit Ihrem Hund wieder in die Ausgangsposition für die Übung „Bleib". Entfernen Sie sich wieder ein paar Schritte von Ihrem Vierbeiner.
- Geben Sie ihm nun ein paar Leckerlis.
- Bewegen Sie sich wieder einen Schritt auf Ihren Vierbeiner zu und verwenden ein Handzeichen, dass zeigt, der Welpe soll jetzt aufstehen. Sagen Sie nun zu diesem Handzeichen noch „Komm".
- Wiederholen Sie diese Übung einige Male.

Hier

Sie haben nun schon einige Trainingseinheiten mit Ihrem kleinen Welpen erlebt. Spaziergänge und Situationen an der frischen Luft, sind für Sie und Ihren kleinen Liebling nun nicht mehr unbekannt. Umso wichtiger ist es, nun an dem Signal „Hier" zu arbeiten. Ihr Hund sollte jetzt lernen, immer besser auf Sie zu hören.

- Suchen Sie sich für diese Übung wieder einen ruhigen Ort aus, ganz frei von Ablenkungen. Dieser kann entweder in der Wohnung oder im Garten sein.
- Lassen Sie Ihren Hund nun ein bisschen herumlaufen. Es ist wichtig, dass er gerade mit keiner anderen Ablenkung konfrontiert ist.

- Wählen Sie ein Leckerli aus und halten Sie es in Ihren Händen.
- Rufen Sie nun den Namen Ihres Vierbeiners und achten Sie darauf, dass Ihr niedlicher Welpe zu Ihnen schaut.
- Beginnen Sie als nächstes damit, den Vierbeiner zu sich zu locken. Dies können Sie durch ein schnalzen oder auch ein Klatschen tun. Sobald Ihr Hund bei Ihnen ist, geben Sie ihm die Belohnung.

Fuß

Gerade dieses Signal ist für eine gute und richtige Welpen-Erziehung unerlässlich.

- Gehen Sie mit Ihrem Welpen nach draußen in Ihren Garten oder an einen ruhigen Ort.
- Sorgen Sie dafür, dass er aufmerksam ist und Sie anschaut. Das können Sie auch durch das Signal „Schau“ tun. Sobald er Sie ansieht, geben Sie ein Leckerli.
- Gehen Sie nun 2 Schritte geradeaus. Ihr Hundekind sollte nun locker neben Ihnen laufen. Wenn dies funktioniert, belohnen Sie wieder mit einem Leckerli.
- Wiederholen Sie diese Übung einige Male und erweitern dabei die Schritte.
- Das Signal „Fuß“ sollten Sie nun einführen, wenn Ihr Welpe neben Ihnen ganz locker an der Leine läuft.

- Sie werden sehen, Ihr Hund wird nach einigen Malen automatisch auf das Signal hören und ganz locker neben Ihnen laufen.

Bring und Aus

„Bring“ und „Aus“ sind zwei wertvolle Signale für Ihren Welpen.

„Bring“:

- Suchen Sie sich für das Training zum Beispiel einen ruhigen Platz im Garten.
- Wählen Sie nun einen Gegenstand aus, den Ihr Hund besonders interessant findet. Nehmen Sie dieses Spielzeug und werfen Sie es etwas weiter weg von Ihrem Welpen.
- Ihr Hund wird dem Gegenstand nun vermutlich hinterherlaufen. Falls er dies nicht tut, dann motivieren Sie ihn dazu.
- Wenn Ihr Hund nun anfängt, mit dem Spielzeug von Ihnen weglaufen zu wollen, dann sollten Sie ihn zu sich locken. Dies können Sie tun indem Sie die Leine solange kürzen, bis der Vierbeiner bei Ihnen angekommen ist. Sobald er Ihnen das Spielzeug gibt, beginnen Sie ihn zu loben und mit Leckerlis zu belohnen.
- Üben Sie diese Übung immer wieder und fügen das Signal „Bring“ hinzu. Sobald Sie dann das Signal „Bring“ sagen, wird Ihr Welpe hinter dem Spielzeug herlaufen und es Ihnen bringen.

„Aus":

Gerade Hundekinder lieben es, Gegenständen hinterherzulaufen, möchten diese allerdings selten an andere abgeben. Deswegen ist es besonders wichtig, dass Ihr Hund lernt auf das Signal „Aus" zu hören. Das kann den Vierbeiner auch vor vielerlei Gefahren schützen.

- Für die erste Trainingseinheit sollten Sie ein Spielzeug wählen, dass Ihr Welpe mag, das allerdings nicht zu seinen absoluten Lieblingsdingen gehört.
- Geben Sie Ihrem Welpen dieses Spielzeug und lassen ihn damit spielen. Suchen Sie nun das Lieblingsspielzeug Ihres Vierbeiners heraus.
- Halten Sie in Ihrer Hand ebenfalls ein Leckerli bereit.
- Nehmen Sie nun das Lieblingsobjekt und zeigen es Ihrem Welpen. Wenn Ihr Hund das alte Spielzeug loslässt, können Sie ihn bereits loben und das Signal „Aus" verwenden. Achten Sie auf eine ruhige und gelassene Stimmlage.
- Sie können diese Übung nun öfters durchführen, damit Ihr Welpe lernt sich daran zu gewöhnen, auch Spielzeug abzugeben.

Mensch & Hund – das „Traumpaar“

Sobald der kleine Vierbeiner bei Ihnen zuhause einzieht, liegt die weitere Erziehung in Ihrer Hand. Der Welpe hat noch sehr viel zu lernen und eine gute Erziehung ist mit Sicherheit auch in Ihrem Sinne, denn Sie möchten einen unproblematischen und glücklichen Hund haben, der mit Ihnen durch dick und dünn geht. Ganz egal, ob Sie Fahrrad fahren, joggen, einen Wochenendausflug machen, Freunde besuchen oder Ihr Kind den Vierbeiner mit zum Fußball nimmt: Es ist wichtig, dass der Welpe gut erzogen ist und sich in jeder Lebenssituation zu benehmen weiß.

Der Mensch ist für den Vierbeiner ein sehr wichtiger Sozialpartner. Die Bindungsbereitschaft in Kombination mit der Lernfähigkeit sowie der Anpassungsfähigkeit sorgen dafür, dass der Hund uns Menschen optimal durch das Leben und den Alltag begleiten kann. Das bedeutet aber auch, dass er sich in das „menschlich-familiäre Rudel“ einfügen und eingliedern können muss.

Für jeden Lernerfolg des Welpen braucht es ein systematisches Vorgehen, Wiederholungen und ein konsequentes Verhalten. Nur dann kann der Hund – genauso wie ein Kind auch – begreifen und erlernen, was Sie wirklich von ihm möchten. Gehören zur neuen Familie des Vierbeiners mehrere Personen? Dann ist es sehr ratsam, sich einmal zusammenzusetzen und gemeinsam zu überlegen, welche einheitlichen Grundregeln allen Familienmitgliedern wichtig sind.

Es ist wichtig, dass sich alle Familienmitglieder einig sind, denn nur so kann der Hund konsequent erzogen werden. Wenn jede Person etwas anderes möchte, ist das Hundekind rasch verwirrt. Zudem ist es von großer Bedeutung, dass alle Übungen und Regeln verständlich für den Welpen sind.

Regeln sind in jeder Familie einzuhalten, denn nur so kann Zusammenleben wirklich gelingen. Zudem muss der kleine Vierbeiner allen Familienmitgliedern in gleichem Maße gehorchen – kleine Kinder natürlich ausgenommen. Sie sind noch nicht im Stande, dem Hund etwas beizubringen. Grundsätzlich sollten erst nur erwachsene Familienmitglieder oder ein älterer Jugendlicher Übungen mit dem Welpen machen. Jede Person hat eine andere Stimme, jeder betont die Dinge anders und jeder Mensch hat ganz individuelle Bewegungsmuster. Dem Hund kann es vor allem am Anfang sehr schwerfallen, sich auf die unterschiedlichen Personen einzustellen und bei jedem das Wesentliche herauszufiltern. Daher ist es sinnvoll, wenn sich der Welpe erstmal auf nur eine Person fokussieren kann. Es ist aber auch kein Problem, wenn jedes Familienmitglied in gleicher Weise mit dem kleinen Vierbeiner übt.

Körpersprache – worauf Sie bei Ihrem Welpen unbedingt achten sollten?

Ihr Hund verständigt sich über die Stimme zum Beispiel durch Knurren, jaulen, winseln oder auch bellen. Doch das ist nicht die einzige Verständigung, es gibt auch noch die Mimik und Gestik. Ihr Hund verwendet hierfür meistens die Ohren oder die Rute, um sich verständlich zu machen. Die dritte Komponente hier ist die Körperhaltung. Durch die Körperhaltung erhalten die Laute erst eine wirkliche Aussagekraft.

Die Körpersprache des Hundes richtig deuten

- Augen: Bei einem Hund weisen starre Pupillen, ein fixierter Blick oder auch zusammengezogene Pupillen auf eine Drohsituation hin. Ein Hund, der freundlich und entspannt ist weist diese Merkmale nicht auf. Dieser hat sanfte Pupillen und auch die Haltung ist entspannt.
- Haltung des Kopfes: Wenn Ihr Welpe den Kopf fragend zur Seite neigt, zeigt dies, dass er verunsichert ist. Ein Blick, der abgewandt ist, heißt Friedfertigkeit. Bei dem Blickkontakt kann ein direkter, Selbstsi-

cherheit ausstrahlen. Der Hund kann den Kopf gesenkt oder auch gehoben tragen.

- Schnauze: Sobald Ihr Hund die Mundwinkel nach hinten gezogen hat, kann dies ein Zeichen für Unterwürfigkeit sein. Sind dabei auch noch die Zähne sichtbar, ist dies als Drohung zu verstehen. Ganz anders ist es hingegen, wenn die Lippen nach vorne gerichtet sind und die Eckzähne etwas zu sehen sind. Dadurch signalisiert Ihr Hund Ihnen, dass er entspannt ist. Der Hund zeigt seine Entspannung generell durch einen leicht geöffneten Mund. Ist der Mund komplett wie beim Gähnen geöffnet kann dies bedeuten, dass ihn gerade etwas aufregt und ihm nicht passt.
- Rückenfell: Der Hund ist in der Lage, sein Rückenfell aufzustellen. Das bedeutet das er aggressiv und erregt ist. Der Vierbeiner möchte dadurch größer und wuchtiger wirken.
- Ohren: Hier kommt es je nach Rasse auf die Ohren an. Ein Schäferhund kann diese beispielsweise deutlich sichtbar spitzen. Ohren, die nach vorne gerichtet sind, signalisieren Sicherheit und Aufmerksamkeit. Sind die Ohren nach hinten angelegt, ist dies ein Zeichen für Unterwerfung oder Angst.
- Rute (Schwanz): Ist die Rute des Hundes starr aufgestellt oder zittert, kann dies ein Zeichen für Verärgerung oder Aufmerk-

samkeit sein. Es kann ebenfalls sein, dass Ihr Hund Angst hat. Eine gelassene und ruhig schwingende Rute zeigt hingegen eine gute und freundliche Gemütslage. Die Geschwindigkeit des wedeln's kann aber auch wieder für Aggression oder Aufregung sprechen. Hier kommt es aber auch wie bei den Ohren auf die Rasse an. Es gibt hier Hunderassen, bei denen wackelt das ganze Hinterteil und nicht nur der Schwanz mit.

- Allgemeine Körperhaltung: Hier sollten Sie gerade auch auf die Größe des Hundes achten. Macht sich Ihr Vierbeiner groß und plustert sich auf, ist das ein Zeichen für Selbstbewusstsein. Er möchte vielleicht den Gegenüber versuchen zu beeindrucken. Falls der Hund hingegen darum bemüht ist, kleiner zu wirken, kann dies ein Zeichen für Angst oder Unsicherheit sein. Legt sich Ihr Welpe auf den Rücken und zeigt dabei den Bauch, zeigt das eine Geste der Unterwerfung. Beginnt Ihr Vierbeiner nun das Hinterteil in die Höhe zu strecken und das Vorderteil zu senken und wackelt mit dem Schwanz möchte Ihr Hund Ihnen zeigen, dass er jetzt gerne spielen möchte.

Wichtig ist bei allem immer, dass Sie Ihren Vierbeiner genau beobachten. Sie werden mit der Zeit ein Gespür dafür bekommen, wie sich Ihr Hund gerade fühlt. Achten Sie deswegen immer darauf, welche Körpersignale Ihr Hund Ihnen sendet und hinterfragen Sie diese auch. Geben Sie Ihrem Welpen und sich genügend Zeit, sich kennenzulernen und ein eingespieltes Team zu werden.

Willkommen im neuen Zuhause – Haus & Garten für den Vierbeiner vorbereiten

Die Vorfreude ist bei allen Familienmitgliedern riesengroß, wenn der Einzug des kleinen Hundes bevorsteht! Doch bevor das passieren kann, müssen noch einige Sicherheitsvorkehrungen und Vorbereitungen getroffen werden. Es ist nämlich sehr wichtig, dass sich der kleine Vierbeiner vom ersten Moment an richtig willkommen und geliebt fühlt. Alles was neu ist, finden Welpen richtig aufregend und spannend. Dem kleinen Hundekind ist es dabei völlig gleichgültig, ob es sich um ein lustiges Spielzeug handelt, das extra für ihn bereitgelegt wurde oder um Ihre Lieblings Kuscheldecke auf dem Sofa. Aus diesem Grund sollten Sie alle Gegenstände, die für Sie wertvoll sind, zunächst einmal außer Reichweite des Welpen bringen.

Sie müssen zudem dafür Sorge tragen, dass Ihr kleiner Welpe keinen Stromschlag an umherliegenden Kabeln bekommt und sich ebenfalls nicht an giftigen Zimmerpflanzen wie zum Beispiel einem Weihnachtsstern oder am Gummibaum vergiftet. Auch Treppen sind eine Gefahr für den jungen Vierbeiner, denn er kann sich beim Herunterlaufen leicht überschlagen und sich infolge des Sturzes schlimme Verletzungen zuziehen. Hier ist es genau wie bei kleinen Kindern: Der Zugang zur Treppe sollte mithilfe eines Kindergitters versperrt werden. Das heißt jetzt nicht, dass Ihr Hund niemals eine Treppe laufen darf, im Gegenteil, denn auch das muss er lernen. Doch er sollte dabei unbedingt beaufsichtigt werden. Laufen Sie am Anfang mit ihm zusammen und passen Sie gut auf den kleinen felligen Vierbeiner auf. Im Übrigen sollten Sie Treppen nicht zu häufig hinauf- und hinunterlaufen, denn das kann die Gelenke des Hundes überlasten.

Auch im Garten spielt das Thema Sicherheit eine große Rolle, denn nicht nur im Haus lauern Gefahren für den Vierbeiner. Damit Sie im Garten eine entspannte Zeit mit Ihrem Hund verbringen können, sollten alle Zäune dicht sein.

Des Weiteren ist es sehr wichtig, dass Sie genau überprüfen, ob die Pflanzen in Ihrem Garten auch verträglich und ungiftig für Ihren Hund sind. Selbstverständlich muss Ihr Welpe lernen, dass er Pflanzen nicht einfach anknabbern darf. Aber das erfordert ein wenig Zeit und Geduld.

Gartenteiche sollten Sie entsprechend abdecken oder ebenfalls umzäunen: Hier kann es ebenfalls ganz schnell passieren, dass Ihr Welpe in den Teich hineinrutscht. Die meisten Gartenteiche sind jedoch so angelegt, dass der kleine Vierbeiner aus eigener Kraft nicht einfach herausklettern kann.

Sollten Sie beispielsweise nicht in der Nähe sein und ihm sofort helfen können, kann der kleine Welpe im schlimmsten Fall sogar ertrinken!

Giftige Zimmerpflanzen für Ihren Welpen

- Ficus Benjamini (Birkenfeige)
- Bogenhanf
- Chrysanthemen
- Alpenveilchen
- Azaleen
- Efeu
- Einblatt
- Engelstrompeten
- Farne
- Flamingoblumen
- Gummibaum
- Weihnachtsstern
- Zimmercalla
- Oleander
- Hortensien
- Wandelröschen
- Philodendron
- Madagaskarpalme
- Purpurtute
- Fensterblatt
- Dieffenbachia
- Clivie
- Agave
- Passionsblume
- Amaryllis.

Giftige Pflanzen im Garten

- Buchsbaum
- Blauregen
- Efeu
- Eibe
- Buschwindröschen
- Eisenhut
- Geißblatt
- Ginster
- Goldregen
- Fingerhut
- Hyazinthen
- Maiglöckchen
- Mistel
- Mohnblumen
- Herbstzeitlose
- Kaiserkrone
- Thuja (Lebensbaum)
- Osterglocken
- Rhododendron
- Rittersporn
- Stechpalmen
- Schlüsselblumen
- Tulpen
- Tollkirsche
- Seidelbast.

Giftige Pflanzen in der Natur

- Hahnenfuß
- Hundspetersilie
- Bärlauch
- Bilsenkraut
- Schierling
- Schöllkraut
- Wasser
- Riesenbärenklau
- u.v.m.

Pfoten, Fell & Zähne – den Welpen richtig pflegen

Ähnlich wie ein Kind, sollte auch ein Welpe von Anfang an, an alle Dinge gewöhnt werden, die für sein späteres Hundeleben von Bedeutung sind.

Hierzu gehören auch ganz einfache Handlungen wie zum Beispiel das Entfernen von Zecken, das Schneiden der Krallen sowie das Fellbürsten. Auch wenn Ihr Vierbeiner erst später ein langes Fell bekommt und jetzt noch ein ganz plüschiges und kurzes hat, das im Grund gar nicht gebürstet werden müsste, so sollten Sie doch schon jetzt mit der Fellpflege anfangen. Jetzt gibt es noch keine verfilzten Fellstellen und keine Fellknötchen, die das Bürsten für Ihren kleinen Liebling unangenehm machen könnten.

Ganz egal, welche Pflegehandlung Sie auch durchführen möchten, Sie sollten dem Welpen im ersten Schritt erst einmal den Pflegegegenstand zeigen. Lassen Sie ihn die Fellbürste, das Tuch oder die Krallenzange erst einmal anschnüffeln. Sie können ihm gleichzeitig auch ein Leckerli geben, denn so verbindet der kleine Vierbeiner den Gegenstand mit etwas Positivem. Beginnen Sie zunächst einmal mit nur wenigen Bürstenbewegungen und steigern Sie sich erst nach und nach in der Dauer Ihrer Fellpflegebehandlung. Die allermeisten Hunde genießen das Bürsten.

Auch die Krallenpflege ist ein sehr wichtiger Punkt, wenn es um die Hundepflege geht. Schauen Sie sich zunächst einmal die Krallen Ihres Welpen genau an. Es ist ganz wichtig, dass das Hundekind dabei stillhalten und abwarten soll, bis Sie fertig sind mit Ihrer Inspektion.

Gehört Ihr Hund eher zu den zappeligen Artgenossen, sollten Sie ihn zunächst einmal auf den Schoß nehmen und einfach festhalten. Das hat schon seine Hundemama so mit ihm gemacht, wenn sie ihn säubern wollte. In der Fachterminologie wird das als „pflegende Dominanz" bezeichnet: Hier lernt der kleine Vierbeiner, dass er sich bei Ihnen ganz genauso artig verhalten muss wie bei seiner Hundemutter.

Achten Sie beim späteren Krallenschneiden bitte unbedingt darauf, dass Sie die Krallen des Hundes nur ganz wenig kürzen. Das ist wichtig, um den kleinen Welpen nicht zu verletzen. Hunde sind an ihren Pfoten sehr empfindlich und wenn zu tief oder zu viel geschnitten wird, können in der Kralle liegende Blutgefäße verletzt werden. Eine zu weit abgeschnittene Kralle kann zudem sehr intensiv bluten und ist für den Hund in jedem Fall immer sehr schmerzhaft.

Auch mit der Ohrenpflege sollte rechtzeitig begonnen werden, denn das ist eine sehr wichtige Pflegeanwendung bei Ihrem Vierbeiner. Zudem stärkt sie die Bindung zwischen dem Hund und Ihnen. Das Berühren, die aufmerksame Begutachtung und die vorsichtige Reinigung der Hundeohren sollte für Ihre kleine Fellnase zu einer sehr angenehmen Routine werden. Üben Sie das rechtzeitig schon im Welpenalter ein. Setzen Sie die Ohrenpflege des Vierbeiners ruhig auf die Tagesordnung, denn die Ohren sind äußerst empfindliche und sehr wichtige Sinnesorgane bei Ihrem Tier. Ein nicht behandelter Befall mit Parasiten oder eine verschleppte Entzündung kann im schlimmsten Fall zu einem großen Hörschaden führen.

So können sich beispielsweise winzig kleine Parasiten an den Ohrrändern oder im Außenohr Ihres Vierbeiners festsetzen. Diese Parasiten ernähren sich in erster Linie von Hautschüppchen sowie Ohrenschmalz. Solche Ohrmilben-Entzündungen lösen einen intensiven Juckreiz aus und sind zudem auch ansteckend. Das heißt, dass im Fall einer Infektionserkrankung auch andere im Haushalt lebende Tiere mitbehandelt werden müssten. In solchen Fällen ist der Gang zum Tierarzt unvermeidlich, denn dieser kann eine milbentötende Salbe anwenden und die Ohren mit einem speziellen Mittel reinigen.

Ein weiteres Problem sind Granne im Ohr des Vierbeiners. Hierbei handelt es sich um Ährenspitzen im hohen Grad, in denen Getreidesamen heranreifen. Vor allem in den Sommermonaten können sich Grannen ganz leicht im Ohr des Vierbeiners verfangen und dort letztlich bis zum Trommelfell vordringen. Für Ihren Hund ist das äußerst schmerzhaft und zudem kann auch noch das Trommelfell geschädigt werden. Sitzen diese Ährenspitzen schon tief im Ohr, sollten Sie unverzüglich den Tierarzt aufsuchen.

Vorsorge ist also besser als Nachsorge, dieses Motto gilt auch bei der Ohrreinigung Ihres Hundes. Lassen Sie es erst gar nicht zu Erkrankungen des Ohres kommen, denn diese bedürfen immer einer tierärztlichen Behandlung.

Tipp:

Achten Sie auch bitte darauf, wie viel Ohrenschmalz bei Ihrem Hund produziert wird. Bei einigen Hunden sind es schon größere Schmalz-Mengen und das kann langfristig zu einem Gesundheitsrisiko werden. Es kann unter Umständen zu einer Gehörgangverstopfung und infolgedessen zu Ohrinfektionen kommen.

Eine zu starke Ohrenschmalz-Produktion kann zudem auch ein wunderbarer Nährboden für Ohrmilben sein. Das überschüssige Ohrenschmalz sollten Sie bei Ihrem Hund im Idealfall wöchentlich überprüfen und entfernen.

Auch die Augen Ihres vierbeinigen Lieblings erfordern Ihre Zuwendung und Aufmerksamkeit. Die Augen des Tieres sind jedoch äußerst leicht reizbar und sehr empfindlich. Sie reagieren beispielsweise sehr sensibel auf Tabakrauch, Raumdüfte, Zugluft oder Parfüm. Auch Fahrtwind oder die Klimalüftung im Auto können den niedlichen und treuen Augen Ihres Hundes schaden.

Wenn Sie merken, dass die Augen geschwollen, gerötet und verklebt sind, dann stimmt etwas nicht. Eine milchige Augentrübung kann beispielsweise ein Hinweis auf eine Hornhautentzündung sein. Fremdkörper, die ins Auge des Vierbeiners gelangen, aber ebenso Wind und Staub können eine Bindehautentzündung hervorrufen. Auch falsch wachsende Wimpernhaare, können unter das Augenlid gelangen und das sensible Hundeauge reizen.

Suchen Sie in solchen Fällen auch unbedingt den Tierarzt auf, denn solche Erkrankungen und Beschwerden erfordern unbedingt eine fachgerechte Behandlung.

Auch das Entfernen von Zecken gehört zum wichtigen Pflegerepertoire mit dazu. Führen Sie diese Handlungen in regelmäßigen Abständen und konsequent bei Ihrem Hund durch, denn auf diese Weise bleibt er gesund, sauber und fröhlich.

Sprechen Sie über dieses wichtige Thema auch unbedingt mit dem behandelnden Tierarzt, denn auf diese Weise leisten Sie einen unglaublich wichtigen Beitrag zur Gesundheit Ihres Vierbeiners!

Welpen artgerecht ernähren

Eine gesunde und ausgewogene Ernährungsweise ist das zentrale Fundament für ein glückliches, gesundes und langes Leben! Das gilt nicht nur für uns Menschen, sondern ebenso für unsere Vierbeiner. Doch Futter ist nicht gleich Futter: Es ist grundlegend, dass Ihr Welpe optimal mit allen essenziellen Nährstoffen, Spurenelementen, Mineralien und Vitaminen versorgt ist und aus diesem Grund müssen bei der Wahl der Futtermittel die individuellen Bedürfnisse des Hundes ausreichend Beachtung finden.

Grundsätzlich kann im Rahmen der Hundeernährung zwischen Nass- und Trockenfutter unterschieden werden. Trockenfutter lässt sich weiterhin differenzieren in „extrudiertes Trockenfutter“ sowie in „kalt gepresstes Trockenfutter“. Zudem gibt es das Barfen als gesundes Ernährungskonzept für Ihren Hund.

Kalt gepresstes Trockenfutter resultiert, wenn Rohstoffe – wie in einer Art Fleischwolf – zermahlen, anschließend miteinander vermischt und zusammengepresst werden. Durch den hohen Druck beim Pressvorgang erhält das Futter dann seine äußere Erscheinungsform. Über das Extrusionsverfahren hergestelltes Hundefutter wird unter einer großen

Hitzezufuhr von rund 115 Grad Celsius sowie unter einem hohen Druck durch eine Düse gepresst. Auch hier erhält das Futter durch den hohen Druck beim Pressvorgang seine Form. Der Vorteil bei dieser Art des Trockenfutters liegt darin, dass es für die Vierbeiner besser bekömmlich und verwertbar ist.

Beim Kauf von Trockenfutter sollte unbedingt ein Blick auf die Zutatenliste geworfen werden. Wer seinen Vierbeiner nämlich gesund und optimal ernähren möchte, sollte unbedingt auf künstliche Aromastoffe, Zusätze und Konservierungsmittel verzichten! Des Weiteren ist es ratsam, darauf zu achten, dass im Futter nicht viel beziehungsweise überhaupt kein Getreide enthalten ist, denn nicht alle Hunde vertragen dieses problemlos. Die meisten getreidefreien Hundefutter sind jedoch gut verdaulich und somit ebenfalls für empfindliche Vierbeiner gut geeignet. Als gut verwertbare Getreidesorten gelten vor allem Mais und Reis.

Nassfutter wird produziert, indem unterschiedliche Zutaten wie zum Beispiel Fleisch, Kartoffeln, Gemüse oder Reis miteinander vermischt und anschließend verpackt werden.

Die dritte Möglichkeit der Hundeernährung ist das sogenannte Barfen.

Hundefutterarten im Überblick

Trockenfutter im Check

Trockenfutter ist vermutlich die gängigste Ernährungsmethode für den Vierbeiner. Auf dem Markt finden sich unterschiedliche Anbieter und verschiedene Trockenfuttersorten. Diese unterscheiden sich zum einen durch ihre inhaltlichen Bestandteile und zum anderen durch ihre Qualität voneinander. Auch der Kostenfaktor ist hierbei ein wichtiger Aspekt.

Das Ziel jedes Hundebesitzers ist es, ein Trockenfutterprodukt zu finden, das der eigene Vierbeiner gut verträgt. Wenn die Wahl feststeht, wird allein dieses Trockenfutter verfüttert. In den einzelnen Mischungen finden sich alle grundlegend wichtigen tierischen Nahrungsmittelbestandteile. Auf diese Weise wird sichergestellt, dass der Hund mit allen zentralen Nähr- und Vitalstoffen versorgt ist.

Wer seinen Hund mit Trockenfutter ernähren möchte, muss den täglichen Bedarf des eigenen Vierbeiners ermitteln. Trockenfutter kann im Supermarkt sowie im Tierfachhandel in Tüten oder in Säcken gekauft werden. Dadurch können sich Hundehalter zu Hause einen praktischen Vorrat angelegen.

Die Vorteile im Überblick

- In Trockenfuttermischungen sind bereits alle essenziellen Nahrungsbestandteile enthalten. Hundebesitzer müssen sich also keine Gedanken mehr um die Futterzusammensetzung und die Nährstoffversorgung des Hundes machen.
- Diese Ernährungsmethode ist sehr bequem und zeitsparend.
- Trockenfutter ist sehr leicht zu lagern und zudem lange haltbar.

Die Nachteile im Überblick

- Trockenfutter ist industriell hergestellt und Sie können die exakte Zusammensetzung des Futters nicht beeinflussen.
- Es gibt bedeutende Unterschiede zwischen den einzelnen Herstellern, zum einen in der konkreten Zusammensetzung des Futters und zum anderen in der Qualität.

Nassfutter – das Wichtigste auf einen Blick

Wie das Trockenfutter ist ebenso das Nassfutter industriell hergestellt. Dieses ist meistens in Dosen erhältlich. Entscheiden Sie sich auch hierbei für einen Hersteller, dessen Produkt Ihr Vierbeiner gut verträgt. Vergleichen Sie die unterschiedlichen Produkte und prüfen Sie die Zutatenlisten auf mögliche Zusätze und ungesunde Konservierungsmittel. Wenn Sie dann eine Futtersorte gefunden haben, die sich bewährt, sollten Sie diese nicht ständig wechseln. Im Nassfutter sind, genau wie im Trockenfutter, alle essenziellen Nahrungsmittelbestandteile enthalten. Auch bei der Fütterung mit Nassfutter kommt es aber wesentlich darauf an, die passende Menge für den eigenen Welpen zu finden.

Schauen Sie beim Kauf darauf, wie viele wertvolle Komponenten im Nassfutter enthalten sind: Wenn auf der Dose beispielsweise steht, dass lediglich 4 % des Gesamtinhalts Rind sind, dann sollten Sie sich fragen, woraus der Rest besteht: Meistens handelt es sich dabei um Fleischmehle, Getreide- und Nebenprodukte. Sie sollten nur Tierfutter in höchster Qualität an Ihren Vierbeiner verfüttern, denn dadurch leisten Sie einen wesentlichen Beitrag zu seiner Leistungsfähigkeit und Gesunderhaltung.

Grundsätzlich ist gegen diese Fütterungsart nichts einzuwenden, doch Sie sollten auf einen hochqualitativen Inhalt Wert legen. Im Bereich der Hunde-Dosennahrung gibt es zwei wichtige Unterschiede:

Alleinfutter

Bei diesem Dosenfutter müssen Sie keinerlei Zutaten mehr hinzufügen, denn in diesem Futter ist bereits alles enthalten, was Ihr Vierbeiner braucht. Achten Sie aber in einem solchen Fall darauf, dass der Fleischanteil mindestens zwischen 40 und 50 % liegt. Ansonsten sollten im Futter lediglich Gemüse und eventuell einige Kohlenhydrate in Form von Getreide enthalten sein.

Ungesunde Zusatzstoffe wie zum Beispiel Konservierungsstoffe, Fleischmehle, künstliche Vitamine und Nebenerzeugnisse haben in einem hochwertigen Futter nichts verloren.

Ergänzungsfutter

Dieses Futter enthält im Regelfall einen Fleischanteil von 100 %, doch darin sind keine sonstigen Zusätze, künstlichen Vitamine oder Mineralien enthalten.

Dieses Fleischfutter können Sie selbst dann unter Früchte, Gemüse und eventuell Kohlenhydratquellen mischen: Im Nu ist eine leckere und zudem nahrhafte Hundemahlzeit fertig.

- Vorteile im Überblick
- Im Hundenassfutter sind alle zentralen Bestandteile für die Gesunderhaltung des tierischen Organismus enthalten. Sie brauchen sich um eine adäquate Zusammensetzung nicht kümmern.
- Nassfutter kann über eine längere Zeitspanne ganz einfach gelagert werden und weist eine lange Haltbarkeit auf.

- Solche Nassfutter-Mahlzeiten sind unkompliziert, schnell und dennoch lecker für Ihren Hund.
- <u>Nachteile im Überblick</u>
- Das Futter ist industriell hergestellt und Sie können die einzelnen Nahrungsmittelbestandteile nicht beeinflussen.
- Es gibt teilweise wesentliche Unterschiede in der Nahrungsmittelzusammensetzung ebenso wie in der Nahrungsmittelqualität: Vergleichen Sie also unbedingt einzelne Hersteller miteinander und entscheiden Sie ganz bewusst, was Sie an Ihren Vierbeiner verfüttern.

BARF – was genau verbirgt sich hinter dieser Fütterungsart?

Die Abkürzung „BARF“ ist ein Akronym, das im Laufe der Jahre einen deutlichen Bedeutungswandel durchgemacht hat. Ganz am Anfang stand das Kürzel für „Born Again Raw Feeders“, ins Deutsche übersetzt bedeutet das „wiedergeborene Rohfütterer.“ Im weiteren zeitlichen Verlauf stand die Abkürzung BARF dann für „Bones and Raw Foods“, zu Deutsch „Knochen und rohes Futter.“

Die heutige Übersetzung wurde maßgeblich vom Entdecker, dem australischen Tiermediziner Ian Billinghurst geprägt. Er prägte in seinem Buch die

Abkürzung BARF mit „biologically appropriate raw food", was übersetzt bedeutet „biologisch artgerechtes rohes Futter": Bei dieser Art der Ernährung handelt es sich nicht um industriell hergestelltes Futter. Vielmehr wird der eigene Hund mit frischen Nahrungsmitteln gefüttert. Der tägliche Nährstoffbedarf soll einzig und allein über Frischfleisch, Innereien, Knochen und einigen pflanzlichen Nahrungsbestandteilen gedeckt werden.

Die BARF-Ernährungsform entspricht am ehesten der Natur des Hundes! Sie müssen Ihren Hund aber nicht nach der BARF-Methode ernähren, sondern können natürlich ebenso selbst für Ihren Hund kochen.

Im Zusammenhang mit dem Barfen existiert oftmals der Mythos, dass diese Form der Hundeernährung sehr viel Zeit in Anspruch nimmt. Doch diese Aussage kann so nicht bestätigt werden. Mit Sicherheit ist es wesentlich bequemer und schneller, eine Fertigfutter-Tüte oder Dose zu öffnen und ihren Inhalt in den Napf des Hundes zu schütten. Doch mit ein wenig Übung und Planung erfordert auch die Futterzubereitung beim Barfen nur einige wenige Minuten. Sie können Nahrungsmittel wie Gemüse oder Fleisch auf Vorrat kaufen, zerkleinern und in einzelnen Portionen einfrieren. Am Vorabend oder am Morgen können Sie dann ganz bequem die Tagesration für den Vierbeiner auftauen. Sie brauchen nur ein wenig Öl oder Kalzium-Nahrungsergänzungsmittel hinzugeben und fertig ist die gesunde BARF-Mahlzeit.

Eignet sich die Rohfütterung für Welpen?

Am Anfang werden die kleinen Welpen von ihrer Mutter genährt und gesäugt. Doch bereits nach vier Lebenswochen tasten sie sich langsam an feste Nahrung heran. Spätestens mit zwei oder zweieinhalb Monaten braucht das Hundekind dann adäquate feste Nahrung, doch für den kleinen Körper ist es eine richtige Herausforderung, sich an feste Lebensmittel zu gewöhnen. Die Immunabwehr des kleinen Tierkindes muss zunächst einmal erkennen, in welche Kategorie beispielsweise das Protein gehört, das über die täglichen Futtermahlzeiten aufgenommen wird: Sind es Eiweiße eines Nahrungsbestandteils, die den Organismus nähren sollen, oder sind es Proteine, die von den Mikroorganismen der Darmflora stammen? Oder sind es körpereigene Eiweiße?

Diese Differenzierung und Klassifizierung sind sehr bedeutsam, denn Protein, das in den Körper gelangt, könnte ebenso zu den krankmachenden Erregern gehören, die vom Körper beseitigt werden müssten. In einem solchen Fall bildet das Immunsystem dann Antikörper aus. Es kann durchaus vorkommen, dass der Körper ein Nahrungsprotein fälschlicherweise als Krankheitserreger einstuft. In einem solchen Fall kommt es zu einer Futterintoleranz oder sogar zu einer Allergie.

Das Verdauungssystem des kleinen Welpen muss also einerseits erst einmal lernen, Nahrungsproteine zu erkennen, sie korrekt zu klassifizieren und dementsprechend gut zu vertragen. Andererseits muss der Organismus lernen, Antikörper gegen bestimmte krankmachende Erreger zu produzieren. In der Fachterminologie wird dieser Prozess als „orale Toleranz“ bezeichnet: Dieser Vorgang verhindert, dass das kleine Hundekind, das erst mit der Futteraufnahme beginnt, auf ungewohnte fremde Nahrungskomponenten eine allergische Reaktion zeigt.

Sehr viele Intoleranzen nehmen ihren Anfang mit der Entwöhnung: Wenn nämlich kleine Hundewelpen von Anfang an mit industriell hergestelltem Fertigfutter aufgezogen werden, wird ihr kleiner Organismus innerhalb kürzester Zeit mit zahlreichen unterschiedlichen Fremdstoffen konfrontiert. Eine genaue Unterscheidung ist dann für das Immunsystem kaum umsetzbar!

Bei der frischen Rohfütterung, also beim Barfen, haben Sie hingegen die Möglichkeit, den Speiseplan des kleinen Welpen Schritt für Schritt so zu erweitern, dass er optimal zu den Bedürfnissen des kleinen Hundes passt. Am besten starten Sie mit wenigen Komponenten, die jeweils über eine Zeitspanne von einer Woche gefüttert werden. So werden etwa in den ersten Wochen höchstens zwei unterschiedliche Fleischsorten und höchstens zwei bis drei pflanzliche Nahrungskomponenten verfüttert. In der darauffolgenden Zeit kann der Ernährungsplan dann erneut erweitert werden. So hat der Organismus des Welpen ausreichend Zeit, um zwischen „Freund“ und „Feind“ zu differenzieren.

Allergien können zwar selbst dann nicht vollständig ausgeschlossen werden, doch das Risiko wird eindeutig minimiert.

Falls der kleine Hund vom Züchter auf konventionelle Art und Weise ernährt wurde, sollten Sie mit dem Barfen ebenfalls langsam einsteigen: Beginnen Sie mit nur wenigen Komponenten und weiten Sie den Ernährungsplan immer weiter aus –Schritt für Schritt.

Ein kleiner Welpe kann aber im Grunde ganz unkompliziert auf die BARF-Methode umgestellt werden. Die Hundekinder neigen nur in ganz wenigen Fällen zu negativen Begleiterscheinungen wie etwa Durchfällen – bei erwachsenen Hunden kann das hingegen schon häufiger auftreten. Das kann zum Beispiel daran liegen, dass der kleine Hundekörper noch nicht so stark mit Schadstoffen aus der Umwelt, mit Schlacken oder mit ungesunden Zusätzen aus den Futtermitteln belastet ist.

Sobald der kleine Vierbeiner also bei Ihnen einzieht, können Sie ihm gleich frisches Rohfutter anbieten. Sie brauchen für die ersten Tage kein spezielles Futter besorgen. Sollte das Hundekind das Rohfutter nicht sofort annehmen, können Sie es über vier oder sechs Stunden fasten lassen. Danach wird es sich mit großer Wahrscheinlichkeit hungrig auf den Futternapf und die BARF-Mahlzeit stürzen!

Denken Sie daran, dass Welpen einen erhöhten Kalziumbedarf haben. Für eine gute Mineralisierung der Knochen sowie der Zähne brauchen die kleinen Vierbeiner diesen Mineralstoff unbedingt. Die Fütterung mit Knorpeln oder Knochen reicht dafür nicht immer vollständig aus. Es kann unter Umständen sein, dass Sie zusätzlich noch supplementieren müssen. Fragen Sie dazu den behandelnden Tierarzt, denn dieser kann Ihnen mit kompetentem Rat weiterhelfen.

Viele neue Hundebesitzer fragen sich am Anfang, wie viele Mahlzeiten ein kleiner Vierbeiner überhaupt zu sich nehmen sollte. Das heißt, dass wiederum die Frage in Bezug auf die Futtermenge eine große Rolle spielt. Bis zum vierten Lebensmonat teilt sich die tägliche Futtermenge auf vier Rationen am Tag auf. Bis zum sechsten Lebensmonat gibt es dann täglich drei Mahlzeiten.

Ein ausgewachsener Hund erhält pro Tag zwei Futterrationen.

Giftige Lebensmittel für Ihren Welpen

Nachtschattengewächse wie zum Beispiel Tomaten: Diese sollten Sie grün / roh keinesfalls an Ihren Vierbeiner verfüttern.

- Alkohol
- rohe Auberginen

- rohe Bohnen
- rohe Erbsen
- Hülsenfrüchte
- Kaffee
- rohe Kartoffeln
- Kakao
- Knoblauch
- Fruchtkerne
- grüne / rohe Paprika
- Schokolade
- rohes Schweinefleisch
- Tee
- Rosinen/Weintrauben
- Zwiebeln.

Spielzeit – für mehr Spaß, Intelligenz & Wellness

Für uns Menschen ist Spielen oft wie eine „kleine Flucht aus dem Alltag“, die Abwechslung und Spaß ins eigene Leben bringt. Für Hunde bedeutet ausgiebiges Spielen ebenso Freude, Aggressionsabbau und Entspannung. Zudem lässt sich durch gezielte körperliche Beschäftigungsformen die Motorik eines Hundes schulen.

Wichtig ist aber auf jeden Fall, dass Spielen ohne einen Stressfaktor abläuft. Den Vierbeiner von morgens bis abends intensiv zu beschäftigen ist nicht Sinn der Sache. Jeder Hund braucht auch seine Ruhezeiten, ebenso wie sein Frauchen oder Herrchen. Es sollte also auf keinen Fall zu einem Beschäftigungsstress kommen, wenn Sie sich vornehmen, die Zeit zusammen mit Ihrem Hund zu gestalten. Ganz im Gegenteil: Erleben Sie vielmehr bewusst das Miteinander und nehmen Sie die Bedürfnisse Ihres Vierbeiners wahr. Versuchen Sie eine ausgewogene Mischung zwischen unterschiedlichen Reiz- und Spielquellen sowie Ruhephasen zu erreichen. So können Sie seine Fähigkeiten exakt lenken und schulen. Das Resultat: Sie sind zufrieden und Ihr Hund ist es auch!

Übrigens:
Ein großartiges Beschäftigungsprogramm um-

fasst übrigens mehr als nur Spielen: Dazu gehört auch der Sozialkontakt mit anderen Hunden, Spaziergänge, ausreichend Gelegenheit zum Austoben, zum Schnüffeln sowie Begegnungen mit Menschen. Wichtig ist nur, dass es zum Temperament Ihres Hundes passt.

Wenn Hunde nicht mit Schlafen oder der Nahrungsaufnahme beschäftigt sind, wollen sie spielen – vor allem junge Hunde. Im Spiel erobern sie die Welt und entwickeln ganz stressfrei wichtige Techniken für das alltägliche Leben.

Im Spiel lernt Ihr Hund zum Beispiel:

- die Sinneswahrnehmung und die Körperbeherrschung verbessern.
- genetisch angelegte Fähigkeiten wie etwa einen Jagdtrieb zu vervollkommnen.
- das eigene Reaktionsvermögen zu verbessern.
- ein angemessenes Verhalten gegenüber anderen Artgenossen und anderen Menschen.
- einen eigenen Platz im sozialen Umfeld zu finden – sich also in eine Rangordnung einzufügen.

Vor allem bei Junghunden und Welpen läuft ohne Spiele wirklich nichts, doch auch für ausgewachsene Tiere – und sogar für Hundesenioren – sollte der Spaß nicht aufhören. Das ist einfach wichtig, damit Ihr Tier körperlich und geistig fit bleiben kann.

Ganz egal ob der quirlige Jack Russell Terrier, der Dalmatiner, der Labrador oder der Kleine Münsterländer – all diese Rassen haben eines gemeinsam: Die ursprünglich durch gezielte Zucht geschaffenen Verhaltensweisen und Anlagen sind in diesen Hunden noch immer vorhanden. Je nach Zuchtrichtung und Rasse bei dem einen Hund mehr und beim anderen weniger. Gerade wenn man sich Hunderassen wie den Border Collie anschaut, wird schnell klar, dass ein solcher Hund ganz und gar nicht damit zufrieden ist, den gesamten Tag gemütlich auf der Couch zu verbringen und am Nachmittag eine kleine Runde um den Block spazieren zu gehen.

Aus diesem Grund ist es sehr wichtig, sich schon vor dem Kauf eines Hundes Gedanken um die Auswahl und die entsprechenden Bedürfnisse des Hundes zu machen:

- Wie viel Beschäftigung braucht der Hund?
- Welche Art der Beschäftigung braucht der Hund?
- Passt das Wesen und der Charakter des Tieres überhaupt zu den Bedürfnissen der Familie?

Das bedeutet nun aber nicht, dass ein Border Collie nur dann ein glückliches und erfülltes Leben haben kann, wenn er zusammen mit einer kleinen Schafherde gehalten wird. Es gibt viele verschiedene Beschäftigungsformen mit denen Hunde – ihrem ursprünglichen Verwendungszweck und ihrer Veranlagung nach – ausgelastet werden können. Wer den Charakter und die Vorlieben des eigenen Hundes kennt, kann auch eine ideale körperliche und geistige Auslastung anbieten.

Welpen Spiele

Junge Hunde brauchen Spiele, die ihren kleinen Körper nicht zu sehr überfordern. Diese Spiele sind weniger aggressiv. Ebenso sollten zu intensive Belastungen der Knochen und der Gelenke vermieden werden, um die gesunde Entwicklung des Skelettsystems nicht in Gefahr zu bringen. Für Welpen eignen sich am besten leichte Intelligenzspiele, Such- oder Gehorsamsspiele.

Spielen ist wichtig für den Hunde-IQ

Unser moderner Lebensstil führt bei unseren Hunden oftmals zu einer chronischen Unterbeschäftigung. Im Spiel können die Vierbeiner jedoch ihre natürlichen Verhaltensweisen ausleben: Beute machen (und wenn es nur ein Spielball ist), Jagen und Fährten suchen.

Als Menschen sind wir in der Lage, uns Ablenkung zu verschaffen, indem wir zum Beispiel einen Spaziergang durch die freie Natur machen, Musik hören oder ein interessantes Buch lesen. Ein Hund ist nicht imstande, sich ein solches „Futter für die Sinne“ selbst zu beschaffen, sondern muss brav warten, bis Herrchen oder Frauchen Zeit für ihn haben. Doch ihr Hund ist neugierig auf interessante Gerüche oder Gegenstände, auf Gras unter seinen Pfoten oder auf lustige Bewegungsspiele. Gemeinsames Spielen entschädigt Ihren Hund für so manche Langeweile im Alltag, wirkt anregend und weckt bei ihm die Lebensgeister.

Wer seinen Hund richtig beschäftigt, gemeinsam mit ihm Aufgaben löst und spielt, der stärkt die gemeinsame Bindung. Gleichzeitig wird die Orientierung des Hundes am Herrchen oder Frauchen gefördert. Wenn Sie als Mensch also zusammen mit Ihrem Hund einer Aufgabe nachgehen, die ihnen beiden Freude macht, dann werden „Glückshormone“ freigesetzt.

Wenn Sie einen Hund haben, der gerne mit seiner Nase Gerüche erschnüffelt, dann kann dieser schon durch das Verfolgen einer Spur im Anschluss daran rundum glücklich und zufrieden sein. Legen Sie am besten eine solche Spur als Fährte und begleiten Sie Ihren Vierbeiner bei der Ausarbeitung. Wenn Sie den Hund unterstützen und sich von ihm bis zum Ende der Spur führen lassen, dann verbindet Ihr Hund diese Glücksgefühle mit Ihnen. Erhält Ihr Vierbeiner nun am Ende der Spur auch noch eine Belohnung in Form eines Leckerbissens, eines Lobs oder eines Streicheln`s dann werden erneut Hormone freigesetzt. Das fördert die Bindung zwischen Tier und Mensch, intensiviert das Sozialverhalten des Hundes und reduziert Stress und Ängste.

Hunden brauchen zudem auch im Spiel die Möglichkeit, eigene Erfahrungen zu sammeln. Wer eine Hürde aus eigener Kraft meistern kann und eine schwierige Aufgabe selbst überwindet, der wächst daran und wird immer selbstbewusster. Aus diesem Grund sollte man auch Hunde nicht immer nur führen und ihnen jeglichen Stress abnehmen. Stress ist ein fester Bestandteil des Lebens und kann in einem gewissen Maß auch förderlich sein. Doch wie bei so vielen anderen Dingen des Lebens kommt es auch hier maßgeblich auf eine ausgewogene Balance zwischen Selbsterkundung und Führung an. Der Charakter des Vierbeiners spielt aber natürlich eine zentrale Rolle: Ein Welpe, der eher selbstbewusst und durch nichts zu erschüttern ist, sollte von klein auf erleben, dass das Herrchen oder das Frauchen ein Partner ist, auf den er sich gerade in stressigen Lebenssituationen verlassen kann. Ein eher unsicherer Welpe darf hingegen schon erfahren, dass es sich auch durchaus lohnt, mal aus sich herauszukommen und sich etwas zu trauen. Solche Erfahrungen können zum einen im normalen Alltag stattfinden, doch sie können auch gezielt durch unterschiedliche Beschäftigungsformen gefördert werden. Auf diese Weise lernt beispielsweise der unsichere Welpe – beispielsweise bei der Suche – dass er mit seiner Nase auch ganz alleine Dinge finden kann. Der selbstsichere Hund wird hingegen mit gezielten Anweisungen an einen Ort geschickt und findet dort dann die begehrte Beute.

Aktiver Hund = gesunder Hund

Spielen fördert die Intelligenz, denn Langweile kann dazu führen, dass die Sinne Ihres Hundes abstumpfen. Ein Hund leidet, wenn er isoliert von anderen Artgenossen gehalten wird oder nur das tägliche Einerlei von Gassi gehen, Schlafen und Fressen kennt. Das führt schließlich dazu, dass das Tier allmählich seine Neugier, seine Lernbereitschaft und seine sozialen Fähigkeiten verliert. Auf alles, was der Hund dann nicht sofort einordnen kann, reagiert er entweder ängstlich oder aggressiv.

Es ist daher sehr wichtig, den Spieltrieb des Tieres gezielt zu fördern und Ihrem Vierbeiner auch immer wieder Neues vorzuschlagen.

Bewegung ist einfach unverzichtbar wichtig für die Gesundheit eines Hundes. Selbst wenn die Vierbeiner den Großteil des Tages verschlafen, so brauchen sie trotzdem ausreichend Bewegung um glücklich und gesund zu sein. Bedauerlicherweise ist die Zeit für den eigenen Hund oftmals sehr knapp bemessen. Durch den stressigen Job, die familiären Verpflichtungen sowie Erledigungen rund um Haus und Garten, kommt der Vierbeiner leider oft einfach zu kurz. Das schlechte Gewissen wird dann in nicht wenigen Fällen durch eine Extraportion Futter oder eine besondere Leckerei beruhigt – und so beginnt ein negativer Teufelskreis. Dementsprechend steigt leider auch hierzulande die Anzahl der übergewichtigen Hunde an. Genau wie beim Menschen ist auch beim Hund Übergewicht die Folge von zu viel kalorienreichem Essen und einem Bewegungsmangel.

Die Lösung lautet hier tatsächlich: Raus in die Natur! Die simpelste Form der körperlichen Auslastung ist der Spaziergang, doch auch ein 1-stündiger Spaziergang wird einen gesunden, sportlichen und erwachsenen Hund kaum ermüden. Anstrengender wird es schon, wenn der Hund Sie beim Joggen oder beim Radfahren begleiten soll: Das ist jedoch pures Ausdauertraining. Empfehlenswerter sind somit Beschäftigungsformen, bei denen der Hund viele verschiedene Muskelgruppen nutzen muss. So bleibt er rundum fit, aktiv, gesund und glücklich!

Körperliche & geistige Auslastung – so bleibt Ihr Welpe fit

Zahlreiche Menschen sind der Meinung, dass sie ihrem Hund alles bieten: Täglich ausreichend Futter, morgens ein langer Spaziergang, abends noch eine Radtour und zum Tagesabschluss auch noch eine ausgiebige Schmuse- und Kuschelrunde auf der Couch. Was könnte ein Hund noch mehr brauchen?

Der Alltag zeigt aber oft ein anderes Bild: Der Vierbeiner macht sich beim Gassi gehen selbstständig, jagt etwas hinterher oder verbellt andere Spaziergänger und Radfahrer. Oder er schlendert langsam vor sich hin und schnüffelt von Zeit zu Zeit gelangweilt an einem Grashalm: In einem solchen Fall zeigt sich oft später, dass dieser Spaziergang nicht für eine ausreichende körperliche Auslastung sorgen konnte. Muss der Hund nun nach dem morgendlichen Spaziergang auch noch alleine zuhause bleiben, weil das Herrchen oder Frauchen zur Arbeit muss, so findet er viele kreative Beschäftigungsmöglichkeiten: Die Wandtapete wird angenagt, die Blumen im Garten aus der Erde befreit, die Hausschuhe verschleppt und in ihre einzelnen Bestandteile zerlegt. Da erleben sehr viele Hundebesitzer eine wahre Freude, wenn sie wieder nach Hause kommen und fragen sich: „Wofür waren wir eigentlich eine Stunde lang draußen?".

Hier wird ganz eindeutig klar, dass Vierbeiner nicht nur eine optimale körperliche Auslastung brauchen, sondern auch eine geistige! Sie müssen sich anstrengen, auch mal überlegen und nachdenken! Aus diesem Grund sollten Beschäftigungsformen nicht nur einen Fokus auf den Körper setzen, sondern die Fellnase auch geistig fördern und anregen.

Muss ein Hund erst einmal nachdenken, wie er an ein Leckerli kommt, dann fördert das die geistige Leistung. Er muss viele verschiedene Wege ausprobieren und das sorgt für eine Extraportion Kreativität. Dabei können bereits 20-minütige, geistig beanspruchende Beschäftigungen den Hund mehr ermüden als ein 2-stündiger Spaziergang. So bleibt er problemlos für die nächsten drei bis vier Stunden entspannt und ruhig in seinem Hundekörbchen liegen.

Den Vierbeiner artgerecht beschäftigen

Jeder Hund liebt Beschäftigungen, doch die Auswahl ist hier besonders groß. Sehr häufig stellen sich Hundebesitzer die Frage: Was passt eigentlich zu mir und meinem Hund?

Selbstverständlich haben Sie die Möglichkeit, die unterschiedlichen Beschäftigungsformen auszuprobieren und Sie werden rasch erkennen, ob Ihnen eine Aktivität liegt oder nicht. Dennoch sollten Sie in diesem Zusammenhang nicht vergessen, dass Ihr Hund und sein Spielspaß im Fokus stehen muss: Er ist es, der zufrieden und glücklich sein sollte.

Glück ist eher ein Wort, das wir mit einem menschlichen Leben assoziieren. Doch auch Hunde sind glücklich, nämlich beispielsweise dann, wenn sie gut ausgelastet sind und ihre Bedürfnisse nach sozialen Kontakten, Durst und Hunger gestillt werden.

Bei der Auswahl der artgerechten Beschäftigung spielt auch der Charakter des Hundes eine zentrale Rolle. Gehen Sie als Hundebesitzer individuell auf Ihren Hund ein und schätzen Sie selbst ein, was am besten zu Ihrer Fellnase passt.

Die unterschiedlichen Vorlieben verschiedener Hunderassen

Welche Vorlieben Ihr Vierbeiner genau hat, hängt zum einen von seiner Veranlagung und zum anderen natürlich von seiner Rassezugehörigkeit ab. Bei der Zucht wurden nämlich durch eine gezielte Selektion gewisser Eigenschaften, bestimmte Verhaltensmerkmale ausgeprägt. Ein Apportierhund, der zum Beispiel das erlegte Wild zum Jäger bringt, freut sich besonders über Beutespiele. Der Nordische Hund, der über weite Strecken laufen soll, freut sich hingegen über Ausdauer- und Bewegungsspiele. Die Veranlagungen des Vierbeiners sollten gezielt gefördert und weiterentwickelt werden.

Finden Sie in einem ersten Schritt also zunächst einmal raus, welche Vorlieben Ihr Hund bereits durch seine Veranlagung mitbringt.

Hütehunde – Vorlieben & Besonderheiten

Diese Hunde beschützen zum Beispiel Schafherden und sorgen dafür, dass die Herde zusammengehalten und in die richtige Richtung getrieben wird. Hütehund müssen im Allgemeinen sehr wendig und schnell sein. Der Vierbeiner muss sofort reagieren können, wenn eines der Schafe mal aus der

Herde ausbrechen sollte. Dabei kooperiert der Hund eng mit dem Schäfer, der ihn durch seine Pfeifsignale dirigiert. Hütehunde freuen sich daher besonders über Denk- und Bewegungsspiele, vor allem wenn diese in einem engen Mensch-Hund-Team erfolgen.

Herdenschutzhunde – Vorlieben & Besonderheiten

Hierbei handelt es sich um sehr selbstständige Vierbeiner, die ursprünglich Herden vor anderen Raubtieren beschützen sollten. Sie waren zum Teil auch tagelang allein mit einer Herde unterwegs. Im Allgemeinen haben diese Hunde daher eher kein Interesse an der Zusammenarbeit mit Menschen. So sind Denkspiele nicht die richtige Wahl, um diese Hunde zu begeistern. Auch Bewegungsspiele sind nicht das Richtige für diese Hunderasse. Hingegen war es der Herdenschutzhund gewöhnt, sich unterwegs auch mal selbst zu versorgen, so zum Beispiel durch die Jagd auf ein Kaninchen.

Mit Beutespielen lassen sich Herdenschutzhunde so richtig überzeugen und auch Schnüffelspiele sorgen bei ausreichend Motivation für schöne Spielstunden.

Haushunde, Wachhunde, Hofhunde – Vorlieben & Besonderheiten

Die Hauptaufgabe dieser Hunde besteht darin, Haus und Hof zu bewachen. Sie lagen ursprünglich stundenlang auf dem Hof und beobachteten aufmerksam ihre Umgebung. Sobald ein fremder Mensch das Grundstück betrat, wurde lautstark gebellt und somit vor dem Eindringling gewarnt. Diese Hunde sind sehr selbstständig und ebenso wenig an der Zusammenarbeit mit Menschen interessiert. Am ehesten eignen sich für diese Hunde Schnüffelspiele.

Nordische Hunde – Vorlieben & Besonderheiten

Sie wurden ursprünglich gezüchtet, um Wagen oder Schlitten über lange Strecken hinweg zu ziehen. Diese Vierbeiner können daher sehr ausdauernd und lange rennen und gleichzeitig große Lasten nach sich ziehen.

Nordische Hunde sind sehr selbstständig und haben ebenfalls nur bedingt Interesse an einem Mensch-Hund-Team. Für die meisten Hunde dieser Rasse eignen sich daher Bewegungsspiele am besten. Zudem setzen diese Hunde auch sehr gerne ihre Nase ein, in dem sie beispielsweise lange Spuren verfolgen können. Daher sind sie auch mit Schnüffelspielen im Allgemeinen gut zu begeistern.

Jagdhunde – Vorlieben & Besonderheiten

Durch ihre natürliche Ausprägung zeichnen sich diese Hunde durch einen kontinuierlichen Einsatz ihrer Nase sowie durch den Willen zum Beutemachen aus. Sie freuen sich daher sehr über Beute- und Schnüffelspiele.

Diese Hunde begleiten den Jäger und daher müssen sie auch ausdauernd und schnell laufen können. Aus diesem Grund eignen sich auch Bewegungsspiele als Beschäftigungsform für Jagdhunde. Manche Hunde dieser Rasse wie zum Beispiel Retriever arbeiten auch sehr gerne eng mit Menschen zusammen: Diese Hunde sind dann auch für Denkspiele zu begeistern.

Windhunde – Vorlieben & Besonderheiten

Windhunde lieben die Verfolgung bestimmter Objekte und schnelle Sprints mit vielen Winkeln und Wendungen. Sie lieben dynamische Bewegungsspiele, bei denen sie zum Beispiel kurze Strecken in einem hohen Tempo durchrennen können.

Beutespiele sind bei dieser Hunderasse nur bedingt geeignet: Windhunde verfolgen zwar gerne eine

Beute, doch das Zurückbringen der Beute gehört nicht zu ihren Vorlieben.

Treibhunde – Vorlieben & Besonderheiten

Das sind sehr widerstandsfähige und robuste Hunde, die zum Beispiel für die Begleitung von Rinderherden gezüchtet wurden. Sie sollen die Rinder vorantreiben. Auch Treibhunde müssen wendig und schnell sein: Somit sind Bewegungsspiele für sie bestens geeignet. Dabei darf der Fokus sehr gerne auf die körperliche Auslastung des Hundes gelegt werden.

Gesellschaftshunde - Vorlieben & Besonderheiten

Diese Hunde wurden eigens dafür gezüchtet, dem Menschen Gesellschaft zu leisten. Hier steht also die soziale Komponente im Fokus der Aufmerksamkeit.

Diese Hunde freuen sich über Beschäftigungen, denen sie zusammen mit dem Menschen nachgehen können: Ganz egal ob Schnüffelspiele, Denk-, Beute- oder Bewegungsspiele: Hier ist mit Sicherheit für jeden dieser Hunde das passende Spiel dabei.

Tipp:

Wenn Sie nicht sicher sind, welchen Hundetyp Sie zuhause haben, können Sie auch Ihren Tierarzt fragen. Er kann Ihnen bei der Bestimmung mit Sicherheit weiterhelfen. Auch ein Hundecoach beziehungsweise ein Hundetrainer ist ein sehr guter Ansprechpartner. Im Grunde können Sie den Hundetyp von der Hunderasse ableiten: Ein Schäferhund gehört beispielsweise zu den Herdenschutzhunden. Ein Labrador wurde früher als Jagdhund gezüchtet, ebenso wie der Beagle: Somit werden beide Rassen zu den Jagdhunden gezählt.

Die besten Tipps für einen zufriedenen Welpen

Time to relax – entspannte Kuschelzeiten mit dem Welpen

Wenn Sie sehr stark in Beruf und Familie eingespannt sind, können Sie dennoch ruhig aufatmen: Ein Hund braucht nicht jeden Tag acht Stunden lang spezielle Trainings- und Beschäftigungsformen, um optimal ausgelastet zu sein. Wer aber täglich nur eine Stunde Zeit für den Hund aufbringen kann, sollte die Anschaffung eines Haustieres nochmals gründlich überdenken. Ein Hund verbringt zwar den Großteil des Tages mit Schlafen und Ausruhen, dennoch genießt er diese Zeit am liebsten mit der Familie oder anderen Artgenossen. Wer den Vierbeiner mehr als 6 Stunden pro Tag allein lassen müsste, sollte mit der Anschaffung warten, bis sich die Lebenssituation ändert.

Kuschelzeiten sind durchaus als Beschäftigung zu werten, denn jegliche Zeit, die gemeinsam und aktiv mit dem Hund verbracht wird, darf zum Beschäftigungskonto gerechnet werden. Es ist wichtig, dass alle Bestandteile – also Gassi gehen, Spielen, körperliche und geistige Auslastung, Pflege sowie körperlicher Kontakt in einer ausgewogenen

Balance vorkommen. Das ist eine artgerechte Haltung, die dem Vierbeiner ermöglicht, gesund und glücklich zu leben.

Streicheln und Kraulen, das Bürsten des Fells und kleinere Massageeinheiten tun einfach wohl und bewirken die Freisetzung des Hormons Oxytocin: Dieses „Bindungs- und Kuschelhormon“ stärkt den Sozialkontakt und fördert die Entspannung.

Die Entspannung bildet den Gegenpol zur Beschäftigung und Aktivität mit dem Vierbeiner. Sie darf auf keinen Fall fehlen. Leider sind sehr viele Hunde heutzutage zu aufgedreht und gar nicht mehr wirklich in der Lage, tiefenwirksam zu entspannen. Achten Sie daher unbedingt auf eine ausgewogene Balance zwischen Beschäftigungs-, Spiel- und Ruhezeiten Ihres Hundes.

Das Spielen unter Artgenossen – wichtig für Ihren Welpen

Auch das Spielen und Toben mit anderen Hunden ist sehr wichtig. Hunde brauchen den Kontakt zu anderen Artgenossen und das aus vielen verschiedenen Gründen. Sie können beispielsweise durch das regelmäßige Miteinander lernen, mit anderen Vierbeinern zu kommunizieren und stressfrei mit ihnen umzugehen. Nur wer regelmäßig die Möglichkeit hat, Erfahrungen mit anderen Artgenossen zu sammeln, kann sie auch in diversen Lebenssituationen sicher einschätzen. So können Hunde genau abschätzen, welches Verhalten in welcher Situation angebracht ist.

Zum anderen gehört es zu unserer Pflicht, Hunde so artgerecht wie möglich zu halten, das heißt, ihnen auch den Kontakt mit anderen Fellnasen zu ermöglichen. Der Mensch kann den hündischen Kontakt nicht vollständig ersetzen. Oder haben Sie einmal versucht, am Ohr Ihres Hundes zu schlecken? Wohl kaum! Auch in punkto Rennspiele oder Geschwindigkeit können wir Menschen andere Hunde nicht ersetzen. Hier sind Artgenossen die passenden Spielpartner. Ermöglichen Sie Ihrem Vierbeiner daher in regelmäßigen Abständen den Kontakt mit anderen Hunden, vor allem dann, wenn Ihr Hund als einziger bei Ihnen zuhause lebt.

In diesem Zusammenhang empfiehlt sich auch der Besuch einer Hundewiese: Hier hat Ihr Schatz ausreichend Freilauf und kann gleichzeitig ausgelassen mit Artgenossen toben. Das Spiel mit anderen Hunden ist also ebenfalls eine adäquate Beschäftigungsform. Sehr viele Hundehalter berichten zum Beispiel, dass nach dem Besuch einer solchen Hunde-Spielwiese ihr Vierbeiner „erschöpft“ ins Körbchen gefallen ist.

Ihr Hund sollte auf jeden Fall gut ausgelastet und zufrieden sein, überfordern sollten Sie Ihren Vierbeiner allerdings nicht!

Hundespiele - eine potenzielle Stress-Falle

Beim Besuch einer Hunde-Spielwiese kommt es leider in nicht seltenen Fällen zu Stress. Hier trifft Ihr Hund oftmals auf viele ihm fremde Artgenossen, die er zunächst einmal kennenlernen und einschätzen muss. Es geht darum, herauszufinden, wie diese zueinander stehen und wie die einzelnen Hunde miteinander umgehen. Ein entspanntes Spielen ist in vielen Fällen kaum wirklich möglich. Das kann nämlich nur dann stattfinden, wenn keine Antriebe aus anderen Funktionskreisen gegeben sind, also wenn zum Beispiel nicht erst eingeschätzt werden muss, ob ein anderer Vierbeiner ein Feind oder ein Freund ist.

Echtes Spielen kann nur stattfinden, wenn beide Spielpartner entspannt miteinander umgehen können und einander vertraut sind. Es ist gut, wenn sich die Hunde untereinander kennen, einfach einschätzen können. Nur dann kann man sich sicher sein, dass aus einem Spiel niemals ernst wird und einer zum Beispiel mal eine Schwäche des anderen Artgenossen ausnutzt. Beim echten und richtigen Spiel wechseln die einzelnen Spielpartner auch immer mal wieder die Rollen: So ist mal ein Hund der Jäger und der andere „das Opfer“ und danach ist es genau andersherum.

Achten Sie beim Besuch einer Hunde-Spielwiese unbedingt darauf, wie der Kontakt Ihres Vierbeiners mit anderen Hunden abläuft: Bleibt alles entspannt? Wechseln die Hunde auch mal die Rollen? Vertragen sich alle untereinander? Wenn ja, dann ist alles in Ordnung und einer ausgelassenen Runde unter Artgenossen steht nichts im Wege.

Sollten Sie hingegen das Gefühl haben, dass die Situation für Ihren Vierbeiner zu stressig wird, weil er zum Beispiel von anderen Hunden bedrängt wird, sollten Sie ihm unbedingt helfen. Bitte Sie auch die anderen Hundehalter ihre Vierbeiner zu sich zu rufen, falls es mal Probleme geben sollte und leinen Sie Ihren Hund an. Warten Sie nicht, bis sich in Ihrem Tier ein immenser Stress aufbaut: Ziehen Sie lieber rechtzeitig die Reißleine und setzen Sie den Spaziergang mit Ihrem Hund alleine fort. Damit signalisieren Sie Ihrem Hund, dass Sie immer einen aufmerksamen Blick haben und sofort in nicht entspannte Situationen eingreifen. Das gibt ihm Sicherheit und verstärkt die Bindung zwischen Ihnen und Ihrem Hund.

Welches Spielzeug ist für Ihren Vierbeiner geeignet?

Im Allgemeinen sollte Hundespielzeug möglichst bissfest sein und aus unbedenklichem Material bestehen – so etwa Latex, Rinderhaut, Hartgummi, Jute oder Hartholz. Alles was zu klein ist, kann schnell in das Maul wandern und von dort aus in den Rachen rutschen. Infolgedessen kann sich Ihr Hund gefährlich daran verschlucken.

Ein Igelball ist beispielsweise ein sehr beliebtes Spielzeug: Das wird gerne gefangen, versteckt, apportiert und beknabbert. Mit einem solchen Igelball sorgen Sie bei Ihrem Vierbeiner für ausgezeichnete Beschäftigung. Wie alle Bälle sollte jedoch auch hier eine Größe ausgewählt werden, die zur Größe Ihres Hundes passt. Kleiner als die Maulöffnung sollte der Ball demnach nicht sein. Zum Apportieren und auch für kleinere Kraft-Ziehspiele eignet sich ein Spieltau mit Ball: Dicke Seile sind zum Beispiel für Welpen besonders gut geeignet, da sie damit gleichzeitig ihre Kaumuskulatur trainieren können.

Diverse Spielfiguren werden von Vierbeinern sehr gerne herumgeschleppt. Verzichten Sie jedoch auf Quietsch-Figuren, damit Ihr Hund die Beißhemmung gegenüber „quieckenden“ Artgenossen verlernt.

Der Kong – bestehend aus Naturkautschuk ist nicht nur für Apportier- und Wurfspiele bestens geeignet. Mit Futter gefüllt wird das zu einem echten Beschäftigungsspielzeug. Sie sind in unterschiedlichen Ausführungen erhältlich und können mit diversen Leckerlis befüllt werden, zum Beispiel mit Hunde-Eis. Dental Kongs massieren das Zahnfleisch Ihres Hundes und helfen zudem, Zahnbelag zu entfernen.

Für kleinere Hunde gibt es Kongs aus plüschigeren Materialen, die diese leichter fassen können. Für Hunde mit einer stärkeren Beißkraft wie zum Beispiel ein Staffordshire Terrier gibt es auch härtere Exemplare. Dieses Spielzeug kann Ihr Hund auch ohne Sie verwenden und sich damit stundenlang selbst beschäftigen.

Zusätzlich zum genannten Spielzeug gibt es noch eine breite Palette, so zum Beispiel Schleckmatten und Schlecktrichter, Activity Hundespiele, Futterbälle, Snack-Eier und Schnüffel-Cubes. Letztere sind vor allem für Welpen geeignet sowie für Hunde, die mit Intelligenzspielzeug noch nicht wirklich vertraut sind. Der Würfel kann mit unterschiedlichen Geruchsnoten beduftet werden und fördert somit den Geruchssinn des Vierbeiners. Der Schnüffel-Cube kann in seine Einzelteile zerlegt und auch versteckt werden. Das Material ist besonders weich, sodass er auch von kleinen Hunden und eben Welpen gut gefasst werden kann.

Perfect Day – so sieht ein gelungener Hunde-Tag aus

- Am Morgen sollte ein entspannter Spaziergang auf dem Plan stehen.
- Hier kann sich der Hund lösen und zunächst einmal die Neuigkeiten des Tages erschnüffeln. Zwischendurch gibt es dann kleinere Trainings- und Spieleinheiten zusammen mit Ihnen.
- Nach ungefähr einer Stunde Bewegung mit rund 20 Minuten Beschäftigung gibt es zuhause ein kleines Frühstück. Danach ist zu-

nächst einmal Entspannung und Ruhe dran.

- Auch mittags darf die Pause gerne aktiv genutzt werden.
  Vielleicht kann Ihnen Ihre Fellnase im Haushalt helfen oder im Garten mit Ihnen 20 Minuten lang spielen. Alternativ können Sie Ihrem geliebten Vierbeiner auch einen harten Kauknochen geben oder ihn ein mit Futter gefülltes Spielzeug leeren lassen. Das ist im Allgemeinen ausreichend, damit der Hund den Rest des Tages ruhig und entspannt verbringen kann.
- Am frühen Abend geht es dann mindestens eine Stunde lang wieder nach draußen an die frische Luft. Hier darf das Angebot gerne jeden Tag gewechselt werden: An einem Tag Spaziergehen, am anderen Spiel- und Beschäftigungseinheiten und am nächsten die Begleitung beim Joggen oder Radfahren. Im Anschluss gibt es dann die Hauptration Futter sowie eine entspannte Kuschelrunde. Besonders langhaarige Hunde freuen sich sehr über eine ausgiebige Fellpflege-Einheit.

Wer sich an diese Vorgaben hält, dem wird rasch klar werden, dass die artgerechte Hundehaltung und Hundeversorgung mindestens drei Stunden Zeit in Anspruch nimmt – Tag für Tag. Natürlich sind das nur ungefähre Zeitangaben und in jeder Familie gibt es immer wieder Tage, an denen der

Vierbeiner zu kurz kommt. Doch dafür steht am nächsten Tag wieder der Hund im Fokus und darf Sie und Ihre Lieben zum Beispiel auf einen Tagesausflug begleiten und den gesamten Tag aktiv mit dabei sein.

Welpen und Kinder – Tipps für eine sichere Spielzeit

Hunde und Kinder haben sehr viele Gemeinsamkeiten. Sie beide toben gern und können sich im Spieleifer so richtig verlieren. Das ist zum einen großartig, doch es kann auch problematisch werden – vor allem bei Rangeleien oder Zerrspielen. Wenn Kinder – ganz egal ob aus Angst oder purer Freude – anfangen zu schreien, ist das für den Hund ein Signal, noch stärker zur Sache zu gehen und auch mal gröber anzupacken. Läuft das Kind einfach weg, kann das für den Hund ein Signal zur Jagd sein. In solchen Fällen kann es schnell zum Sturz, Verletzungen und Schürfwunden kommen. Aus diesem Grund sollten Sie unbedingt ein Auge darauf haben, wenn Kind und Hund miteinander spielen. Grundsätzlich lautet die goldene Regel: Nicht zu stürmisch!

Mit leichten Wurf-, Versteck- oder Apportierspielen sind sowohl Sie und das Kind als auch der Hund im Allgemeinen auf der sicheren Seite.

Kinder sollten an Ihrem Beispiel sehen, wie man respekt- und verständnisvoll mit dem Hund umzugehen hat. Damit schaffen Sie die beste Basis für eine dicke Freundschaft zwischen Tier und Mensch!

25 beliebte Hundespiele – jetzt geht´s los!

Spaß im Freien – Outdoor-Spiele

1. Seilziehen

Um mit Ihrem Vierbeiner dieses Spiel zu probieren, benötigen Sie ein Hundeseil. Das Spiel macht nicht nur Ihrem Hund viel Freude, sondern stärkt auch die Hund-Mensch-Beziehung.

- Nehmen Sie zuerst das Seil und bieten es Ihrem Hund an.
- Ihr Hund wird das Seil zwischen seine Zähne nehmen. Sobald er dies tut, beginnen Sie am Seil leicht zu ziehen. Bei Ihrem Welpen müssen Sie darauf achten, dass Sie nicht zu stark am Seil ziehen.
- Lassen Sie Ihren Vierbeiner für ungefähr 30 Sekunden lang an dem Seil ziehen.
- Sobald Sie das Spiel beenden sagen Sie das Kommando „Aus!“.
- Lassen Sie Ihren Vierbeiner bei diesem Spiel gewinnen und das Seil bekommen.

2. Rauf aufs Podest

Dieses Spiel können Sie wunderbar auf einem Spaziergang probieren. Ihr Hund sollte hierfür auf einen Felsen oder einen Baumstumpf klettern. Hierfür erhält er danach eine Belohnung.

- Beginnen Sie dieses Spiel die ersten Male immer am gleichen Podest / Baumstumpf.
- Locken Sie Ihren Hund auf das Podest und belohnen ihn sofort mit einem Leckerli dafür.
- Wiederholen Sie dies einige Male und achten wieder auf die Belohnung.
- Machen Sie sich Gedanken darüber, welches Hörzeichen Sie Ihrem Hund hierfür beibringen möchten. Dies könnte zum Beispiel „Rauf!“ sein. Kurz bevor Ihr Hund auf das Podest geht, sagen Sie Ihr Hörzeichen. Die Belohnung nicht vergessen.
- Probieren Sie von Mal zu Mal immer weiter weg zu stehen und Ihrem Hund nur das Zeichen zu geben. Irgendwann können Sie dann so weit von Ihrem Vierbeiner wegstehen, dass dieser auch ohne Ihre Nähe auf das Podest steigt.

3. Hänsel & Gretel Spiel

Dieses Spiel ist ein absoluter Hunde-Liebling für alle Schnüffelnasen. Dieses Spiel macht Ihrem

Vierbeiner nicht nur Spaß, sondern trainiert auch gleichzeitig den Geruchssinn.

- Legen Sie Ihrem Hund eine kleine Futterspur. Sobald er am Ende angekommen ist, erwartet ihn hier eine leckere Überraschung.
- Falls Sie das Spiel draußen üben, können Sie eine Fleischwurst an einer Schnur befestigen und diese über den Rasen ziehen. Ihr Vierbeiner wird ihr sofort hinterherlaufen.
- Alternativ können Sie auch aus einer Tube Hundeleberwurst eine Spur in der Natur ziehen, der Ihr Vierbeiner folgen muss.

4. Wilde Waldrunde

Ihr Vierbeiner sollte bei diesem Spiel unter Gegenständen herunterkriechen.

- Suchen Sie sich im Wald während Ihrem Spaziergang ein paar Bänke oder Rampen.
- Bringen Sie Ihren Hund dazu unter diesen Gegenständen herunterzuklettern.

5. Fang die Seifenblase

Für dieses Spiel benötigen Sie lediglich ein Seifenblasen-Spiel, diese gibt es sogar im Tierfachhandel zu kaufen.

- Erzeugen Sie zuerst mit dem Seifenblasen-Ring richtig schöne Seifenblasen.
- Zeigen Sie diese Ihrem Vierbeiner. Achten Sie darauf, dass er sie auch tatsächlich wahrnimmt.
- Animieren Sie Ihren Hund nun dazu die Seifenblasen zu fangen. Erzeugen Sie immer wieder neue Seifenblasen.
- Sobald Ihre Fellnase damit beginnt, loben Sie ihn. Nachdem Ihr Hund ein paar Seifenblasen gefangen hat, können Sie ihn mit einem Leckerli belohnen.

Hunde-Futterspiele

6. Geschenke auspacken

Ihr Vierbeiner wird dieses Spiel lieben.

- Verwenden Sie hierfür ein paar Leckerlis und wickeln diese in Zeitungspapier oder Geschenkpapier ein.
- Diese kleinen Geschenkbälle können Sie nun in einen großen einwickeln.

- Geben Sie das Geschenk nun Ihrem Vierbeiner und lassen ihn erst einmal schnüffeln.
- Ermutigen Sie Ihren Hund dabei, dass Geschenk auszupacken.
- Falls Ihr Welpe am Anfang noch ein bisschen schüchtern ist, können Sie ihm beim Auspacken etwas behilflich sein.

7. Hände-Schnüffelspiel

Bei diesem Spiel wird der Geruchssinn Ihres Hundes gefördert.

- Dieses Spiel können Sie mit Ihrem Vierbeiner an jedem Ort üben.
- Nehmen Sie zuerst in eine Hand ein Leckerli und schließen nun beide Hände zu einer Faust.
- Zeigen Sie Ihrem Hund nun beide Hände und fragen ihn, wo das Leckerli versteckt ist.
- Sobald sich Ihr Hund für eine Hand entschieden hat, dann öffnen Sie diese. Falls sich in der Hand kein Leckerli befindet, zeigen Sie Ihrem Vierbeiner die andere Hand mit dem Leckerli.
- Wiederholen Sie das Spiel von vorne. Schließen Sie beide Hände zu einer Faust und fragen Ihren Hund erneut, wo sich das

Leckerchen befindet. Lassen Sie Ihren Hund das Spiel nochmals ausprobieren.
- Falls Ihr Hund ein echter Profi in dem Spiel sein sollte, können Sie das Schnüffelspiel mit mehreren Personen üben.

8. Sommer-Erfrischung

Diese superleckere Erfrischung wird Ihr Vierbeiner lieben. Verwenden Sie hierfür am besten einen Kong, diesen erhalten Sie in jedem Tierfachhandel oder online.

- Befüllen Sie den Kong mit etwas Joghurt. Falls Sie möchten können Sie noch ein bisschen Leberwurst untermischen.
- Geben Sie den Kong nun in ein Gefrierfach, bis der Joghurt gefroren ist.
- Anschließend können Sie den Kong Ihrem Vierbeiner geben. Dieser wird sich sofort damit beschäftigen.
- Am besten geben Sie Ihrer Fellnase den Kong im Freien, ansonsten müssen Sie die Stelle, an der Ihr Hund damit spielt reinigen.

9. Kau-Spaß auf vier Pfoten

Es gibt mittlerweile viele verschiedene Kauspielzeuge für Vierbeiner. Sie können hier entweder einen Kong verwenden oder ein Spielzeug Ihrer Wahl. Ihr Hund wird dieses Spiel lieben und gleichzeitig tut es den Zähnen gut.

- Befüllen Sie die Öffnungen des Spielzeugs mit Leckerlis.
- Ihr Hund muss nun versuchen diese Belohnung aus dem Spielzeug zu bekommen. Dies kann er mit seinen Pfoten oder auch mit seiner Zunge tun. Sie können hier auch verschiedene Leckerlis verwenden.

Sie werden sehen, sobald Ihr Hund gut ausgelastet ist mit einem solchen Spielzeug, wird Ihre Fellnase weniger an Möbeln oder Schuhen herumknabbern.

10. Flaschenpost

Für dieses Spiel benötigen Sie nur eine leere PET-Flasche.

- Geben Sie als erstes etwas Trockenfutter in die Trinkflasche hinein.
- Legen Sie die Flasche nun auf den Boden, damit Ihr Vierbeiner sie sieht.
- Ihr Hund muss nun versuchen aus der Flasche die Leckerlis herauszuholen. Sobald er das geschafft hat, loben Sie ihn.

11. Papprollen-Spiel

Für dieses Spiel können Sie alte Toilettenpapierrollen verwenden.

- Geben Sie die Leckerli in eine Papprolle hinein.
- Binden Sie nun beide Enden zu und geben die Rolle Ihrem Vierbeiner.
- Dieser muss nun versuchen an die Leckerlis zu kommen und wird hierfür nach Lust und Laune die Rolle zerfetzen.
- Sobald er an die Leckerlis gekommen ist, loben Sie Ihren Hund.

Spiele zum Fördern der Intelligenz und Denkleistung

12. Hütchenspiel

- Dieses Spiel können Sie mit ein paar Haushaltsschüsseln probieren. Falls Ihr Welpe noch sehr klein ist, können Sie es auch mit etwas leichteren Hütchen probieren.
- Verstecken Sie unter den Schüsseln nun Leckerlis. Ihr Hund muss nun versuchen, die Leckerlis herauszubekommen und wird hier kreativ werden.

- Sie können hier die Schwierigkeitsgrade individuell regulieren, indem Sie schwerere Schüssel oder leichtere wählen.

13. Such das richtige Objekt

Bei diesem Spiel ist es wichtig, dass Ihre Fellnase bereits ein paar Namen der jeweiligen Gegenstände wie zum Beispiel Knochen, Ball oder Tau kennt. Falls dies nicht der Fall ist, können Sie das entsprechende Objekt vor Ihren Vierbeiner legen und ihm immer wieder den Namen nennen.

- Beginnen Sie also das Spiel damit, indem Sie das Objekt vor Ihren Hund legen. Sagen Sie zum Beispiel „Ball“ und schauen Sie, ob Ihr Hund den Ball mit der Schnauze aufnimmt oder ihn anstupst. Sobald er dies tut, loben Sie ihn und geben ihm ein Leckerli.
- Sie können zur Erweiterung probieren, später nur noch „Ball“ zu sagen und Ihr Hund holt Ihnen den Ball.
- Falls das Spiel noch nicht funktioniert, üben Sie immer wieder. Es reicht hier auch, wenn Ihr Hund den Gegenstand berührt.

14. Turmbau

Bei diesem Spiel können Sie die Schwierigkeitsstufen individuell Ihrem Vierbeiner anpassen.

- Bauen Sie für Ihre Fellnase einen Turm. Dieser kann unter anderem aus Toilettenpapier, Schüssel oder auch Bechern bestehen.
- Verstecken Sie in dem Turm Leckerlis für Ihren Vierbeiner. Wichtig ist hierbei, dass Sie nicht gleich mit zu vielen Stockwerken starten. Beginnen Sie langsam und erhöhen dann von Mal zu Mal die Höhe.
- Lassen Sie Ihren Hund dieses Spiel auf einem Teppich oder geräuscharmen Untergrund spielen.

15. Kleiner Handtuch-Detektiv

Für dieses Spiel benötigen Sie ein gerolltes Handtuch.

- Verstecken Sie ein Leckerli in der Handtuchrolle. Am Anfang können Sie das etwas weiter vorn platzieren, sodass Ihr Hund noch gut herankommen kann.
- Ihr Hund wird nun probieren, an das Leckerli zu kommen. Hierfür kann er die Pfoten oder die Schnauze verwenden.

- Geben Sie Ihrem Vierbeiner ausreichend Zeit das Leckerli zu bekommen. Loben Sie ihn während der Spielzeit immer wieder.
- Für eine höhere Schwierigkeitsstufe können Sie das Leckerli immer weiter innen im Handtuch verstecken. Ihr Vierbeiner benötigt so immer mehr Zeit und auch Geduld um an die gewünschte Belohnung zu kommen.

Spiele für jeden Tag – Indoor & Outdoor

16. Höhlenspiel aus Kuscheldecken

- Legen Sie zuerst mehrere Decken in die Mitte des Raumes.
- Verstecken Sie unter den Decken als nächstes das Lieblingsspielzeug oder ein Leckerli.
- Bringen Sie Ihren Hund nun dazu, nach diesen Gegenständen zu suchen.
- Sobald ihr Vierbeiner etwas gefunden hat, dass er entweder damit spielen oder es fressen kann.
- Als kleine Abwechslung können Sie immer wieder andere Gegenstände verstecken.

17. Futter-Versteckspiel

- Verstecken Sie Leckerlis oder Futterbröckchen an verschiedenen Orten. Das können ein Stuhl, das Regal oder auch ein Baumstumpf im Garten sein.
- Lassen Sie Ihren Hund nach dem Futter suchen.
- Eine wunderbare Idee ist auch das ringförmige Futter in Sträucher im Garten zu hängen. Ihr Hund wird Spaß daran finden, sein Futter einmal anders zu erschnüffeln.

18. Fang mich doch

- Gehen Sie mit Ihrem Vierbeiner in den Garten.
- Laufen Sie ein paar Schritte rückwärts und lassen Ihren Hund hinter Ihnen herlaufen. Animieren Sie ihn dazu.
- Wechseln Sie immer wieder die Richtung und spielen mit Ihrem Vierbeiner fangen.
- Sobald Sie das Spiel beenden möchten, sagen Sie unbedingt „Schluss!". Das ist wichtig, damit Ihr Hund erkennt, dass hier das Spiel beendet ist.

19. Slalom-Lauf für Vierbeiner

- Bauen Sie mit ein paar Fackeln oder anderen Rankhilfen einen kleinen Slalomparcours im Garten auf. Alternativ können Sie das in der Wohnung auch mit Stühlen oder Töpfen machen. Lassen Sie die Abstände am Anfang immer noch groß, bis Ihr Hund etwas Übung darin hat.
- Nehmen Sie nun ein Leckerli in die Hand und lassen Ihren Vierbeiner der Hand durch die Hindernisse folgen.
- Ihre Fellnase sollte nun durch den Slalom-Parcours laufen.
- Belohnen und loben Sie Ihren Hund, sobald er durch den Parcours gekommen ist.
- Sie können hier die Schwierigkeit erhöhen, in dem Sie immer mehr Hindernisse verwenden.

Bring Bewegung ins Spiel – Bewegungsspiele

20. Dreh dich

Die Koordinationsfähigkeit Ihres Vierbeiners wird hierbei trainiert.

- Gehen Sie mit Ihrem Hund am besten in die freie Natur.
- Nehmen Sie nun ein Leckerli in die Hand und führen es seitlich an Ihrer Fellnase vorbei. Ihr Hund sollte nun beginnen sich mit dem Leckerli zu drehen und diesem zu folgen.
- Sagen Sie nun „Dreh dich!“.
- Wiederholen Sie dieses Spiel immer wieder. Sie können dieses Spiel solange üben, bis Ihr Hund beginnt, sich bereits ohne Leckerli zu drehen.

21. Verkehrte Welt – Rückwärtslaufen

- Ihr Hund lernt hierbei den Körper wahrzunehmen und gleichzeitig die Koordination zu verbessern.

- Nehmen Sie ein Leckerli und bewegen es einen Stück hinter den Kopf Ihrer Fellnase.
- Versuchen Sie nun mit dem Kommando „zurück!“ Ihren Hund dazu zu bringen, nach hinten / rückwärts zu laufen. Sobald er das tut, belohnen Sie ihn.
- Falls Ihr Hund sich stattdessen hinsetzt, können Sie versuchen das Leckerli etwas anders zu platzieren. Achten Sie aber darauf, dass Sie das für den Anfang nicht zu hoch platzieren.
- Sie können dieses Spiel öfters wiederholen, bis Ihr Vierbeiner später ganz ohne Leckerli beginnt rückwärts zu laufen.

22. Hula-Hunde-Hopp

Für dieses Spiel benötigen Sie einen einfachen Hula-Hopp-Reifen.

- Zeigen Sie Ihrem Vierbeiner zuerst den Reifen und lassen Sie ihn sich ein bisschen damit vertraut machen.
- Ihr Hund kann nun ein paar Mal durch den Reifen gehen, während Sie diesen noch am Boden halten.
- Heben Sie den Reifen etwas an und halten Ihrem Vierbeiner ein Leckerli auf der anderen Seite hin. Ihr Hund sollte nun durch den Reifen springen. Sobald er dies tut, loben und belohnen sie ihn.

23. Hunde-Mensch-Gymnastik

Dieses Spiel können Sie mit Ihrem Vierbeiner gemeinsam machen.

- Setzen Sie sich auf den Boden und winkeln Ihre Beine an. Ihr Vierbeiner kann nun unter Ihren Beinen hindurchlaufen. Loben Sie ihn hierfür.
- Legen Sie Ihre Beine ausgestreckt auf dem Boden ab. Ihr Hund muss nun über Ihre Beine springen. Sobald Ihre Fellnase das tut, loben Sie ihn wieder dafür und belohnen ihn.
- Kommen Sie nun auf alle Viere und lassen Ihren Hund unter Ihnen hindurchlaufen. Loben nicht vergessen.

24. Ballspiel mit vier Pfoten

Bei diesem Spiel benötigen Sie einen Ball.

- Legen Sie zuerst den Ball auf den Boden. Achten Sie darauf, dass Ihr Vierbeiner den Ball auch wahrnimmt.
- Schauen Sie nun was passiert. Sobald Ihre Fellnase den Ball mit der Nase oder den Pfoten bewegt, beginnen Sie das Kommando „schieb ihn rüber!“ zu sagen.
- Setzen Sie sich zu Ihrem Vierbeiner auf den Boden. Sie sollten gegenüber von ihm sit-

zen. Machen Sie eine Handbewegung, dass er den Ball zu Ihnen schieben soll.

- Bei jeder Bewegung, die Ihr Hund richtig ausführt, loben sie ihn.
- Am Ende des Spiels können Sie Ihrem Liebling ein Leckerli geben oder mit ihm ausgiebig kuscheln.

25. Kriechspiel

- Knien Sie sich hin und winkeln dabei ein Bein an.
- Nehmen Sie nun ein Leckerli und halten es auf die andere Seite des angewinkelten Beins. Zeigen Sie die Belohnung Ihrem Hund und versuchen Sie ihn dazu zu bringen, dass er unter dem Bein hindurchkriecht, um an das Leckerli zu kommen.
- Sobald Ihr Hund unter dem Bein gekrochen ist sagen Sie „kriech her!“. Geben Sie ihm das Leckerli und wiederholen Sie dieses Spiel immer wieder.
- Später wird Ihr Hund auf das Signal hören und Sie müssen dafür nicht mehr knien.

Das 9-Wochen-Welpen-Training – Ihr Plan für einen perfekt erzogenen Vierbeiner

Bevor Sie mit dem 9-Wochen-Plan starten, sollten Sie sich mit Ihrem Welpen erstmal vertraut machen. Lernen Sie sich in Ruhe kennen, damit Ihr neues Familienmitglied Ihnen auch vertraut. Nur so können Sie ein effektives Training durchführen und auch Erfolge erzielen.

Seien Sie geduldig mit sich selbst und auch Ihrem kleinen Vierbeiner. Dieser steht noch am Anfang des Lebens und gerade, wenn Sie zum ersten Mal einen Hund haben, sollten auch Sie sich erst in Ihre neue Aufgabe hineinfinden.

Sie werden sehen, wie viel Freude die kleine Fellnase Ihnen bringen wird.

Woche 1 – Der Welpe ist bei Ihnen eingezogen

- Üben Sie mit Ihrem Welpen das stubenrein werden.
- Bauen Sie eine Bindung zu Ihrem neuen Familienmitglied auf. Kuscheln und strei-

cheln Sie den Welpen, aber lernen Sie auch ihm nicht alles durchgehen zu lassen.
- Geben Sie Ihrem Welpen Zeit sich in die neue Umgebung einzufinden.
- Der Welpe sollte sich langsam an den Namen gewöhnen. Rufen Sie ihn immer wieder und belohnen Sie ihn auch.

Diese Übungen sollten Sie mit Ihrem Welpen in dieser Woche üben:

- Üben Sie mit Ihrem Welpen das Kommando „Sitz“, am besten 5-mal täglich.
- Das Kommando „Komm“ auf Pfiff oder ein Ruf-Signal sollte vor jeder Mahlzeit geübt werden.

Woche 2 – Die erste Hürde der Eingewöhnung ist genommen

- Diese Woche steht der erste Besuch beim Tierarzt an. Vereinbaren Sie in der zweiten Woche einen Termin und lassen Sie den Welpen und den Tierarzt sich erstmal kennenlernen. Streicheln Sie während der Wartezeit Ihren kleinen Liebling. Gerade am Anfang haben Welpen oftmals noch etwas Angst, dass gibt sich aber schnell mit der Zeit.
- In dieser Woche darf Ihr Welpe zum ersten Mal andere Menschen außer die Familie

kennenlernen. Muten Sie ihm hier aber nicht zu viel zu und führen Sie andere Personen langsam an den kleinen Vierbeiner heran. Zeigen Sie Ihrem Hund immer, dass er keine Angst zu haben braucht und Sie in seiner Nähe sind.

- Der erste kleine Ausflug steht an – der Spaziergang. Planen Sie hierfür genügend Zeit ein, denn Ihr kleiner Liebling wird beginnen alles zu erkunden. Wählen Sie einen ruhigen und wenig belegten Ort aus, damit der kleine Vierbeiner sich erstmals in der großen Welt zurechtfinden kann.

Diese Übungen sollten Sie mit Ihrem Welpen in dieser Woche üben:

- Die erste Körperpflege für Ihren Vierbeiner. Nehmen Sie sich hierfür Zeit.
- Üben Sie mit Ihrem Welpen das Kommando „Platz" am besten 8-mal täglich.
- Weiterhin sollten Sie „Sitz" und „Kommen" üben, wie bereits in der ersten Woche. Diese Kommandos müssen sich in den nächsten Wochen festigen.
- Bleiben Sie weiterhin dabei, Ihren Welpen stubenrein zu bekommen.

Woche 3 – Die Welt entdecken

Ihr Welpe hat nun schon einiges gelernt und viele neue Eindrücke gewinnen können. Sie haben bestimmt schon gemerkt, wie neugierig die kleine

Fellnase ist und alles erkunden möchte. Umso mehr freut sich Ihr Hund nun auch auf einen Ausflug in ein Restaurant oder den Besuch bei Bekannten. Nehmen Sie den Hund nun erstmals mit zu anderen Leuten. Achten Sie darauf, dass der Welpe immer Ihre Nähe spürt und belohnen Sie ihn auch für gutes Verhalten. Nehmen Sie Leckerlis mit und zeigen Sie ihm, wenn er etwas gut gemacht hat. Überfordern Sie den Vierbeiner nicht und lassen Sie ihn sich langsam an andere Umgebungen gewöhnen.

Gehen Sie mit Ihrem Welpen auch andere Untergründe erkunden, wie zum Beispiel Waldboden oder auch Treppen. Bei Treppen ist es wichtig, dass Sie ihm hier am Anfang noch helfen. Falls Sie sehen, dass Ihr Welpe Angst hat, können Sie ihn hier hochnehmen und ein paar Stufen tragen. Lassen Sie den kleinen sich aber auch ausprobieren, aber bleiben Sie während der ganzen Zeit dabei.

Diese Woche können Sie langsam probieren, den Welpen an das Alleinsein zu gewöhnen. Probieren Sie es zuerst innerhalb der Wohnung aus, indem Sie den Welpen im Wohnzimmer lassen und Sie in das Badezimmer gehen. Bleiben Sie dort kurz und schließen die Tür. Sie können die Zeitintervalle hier immer weiter ausdehnen. Falls Ihr Welpe jammert, warten Sie solange ab, bis er sich beruhigt hat und gehen erst dann wieder zu ihm zurück. Üben Sie das langsam auch, wenn Sie längere Zeit in anderen Räumen oder im Garten sind. Später können Sie auch einmal die Wohnung verlassen. So gewöhnen

Sie Ihren Welpen Schritt für Schritt an das Alleinsein. Wichtig ist immer nur, dass der Welpe sieht, dass Sie wieder zu ihm zurückkommen.

Diese Übungen sollten Sie mit Ihrem Welpen in dieser Woche üben:

- Üben Sie weiterhin die Kommandos „Sitz" und „Komm" bis zu 10-Mal täglich.
- Probieren Sie zum Ersten Mal die Übung „Fuß" mehrmals am Tag mit Ihrem Welpen aus.
- In dieser Woche können Sie mit Ihrem Hund noch das „lästige hoch und anspringen vermeiden" üben. Probieren Sie diese Übung mehrmals täglich aus.

Woche 4 – Die nächsten Schritte der Welpen-Erziehung

- Nun ist Ihr Welpe schon einige Zeit bei Ihnen und die Erziehung wird weiterhin ein wichtiger Punkt auf Ihrer Liste bleiben. Gerade die ersten Wochen und Monate sind der Grundstein für eine gute Hundeerziehung. Nun sind Sie schon einige Male mit Ihrem kleinen Vierbeiner spazieren gegangen. Gehen Sie noch einen Schritt weiter und wagen den ersten Spaziergang in die Stadt. Ihr Welpe hat hier einiges zu entdecken und zu sehen. Nehmen Sie für den

Ausflug Leckerlis mit und loben Sie Ihren Vierbeiner für gutes Verhalten.

- Sie können mit Ihrem Vierbeiner nun auch ein paar Spiele in den Alltag integrieren wie zum Beispiel Outdoor- oder Futterspiele. Schauen Sie hier was Ihrem Hund Spaß macht.

Diese Übungen sollten Sie mit Ihrem Welpen in dieser Woche üben:

- Diese Woche sollte Sie weiterhin die Signale „Fuß“, „Platz“, „Schau“ und „Bleib“ üben. Am besten mehrmals täglich.

Woche 5 – Bleiben Sie konsequent bei der Erziehung

- Ihr Welpe hat nun schon einige neue Situationen kennengelernt. Üben Sie in dieser Woche einen Spaziergang mit anderen Hunden. Probieren sie das 2-3-Mal pro Woche. Das ist wichtig, damit Ihr Welpe lernt mit anderen Hunden gut umzugehen, keine Angst oder Aggression zu haben. So lernen die Vierbeiner auch miteinander zu spielen. Achten Sie während dem Spaziergang aber genau auf die Signale Ihres Hundes. Sobald dieser Angst hat, nehmen Sie ihn und überfordern Sie ihn nicht.

- Binden Sie Hundespiele immer mehr in den Alltag ein. Üben Sie mehrmals pro Woche mit Ihrem Hund verschiedene Spiele.

Diese Übungen sollten Sie mit Ihrem Welpen in dieser Woche üben:

- Weiterhin können Sie die Übung „Platz", „Bleib" und „Fuß" üben.

Woche 6 – Langsam wird Ihre kleine Fellnase erwachsen

- In dieser Woche steht die Körperpflege auf dem Programm. Widmen Sie sich wieder ganz besonders der Pflege Ihres Hundes.
- Der Ausflug in dieser Woche darf ruhig einmal an belebte Orte gehen. Ihr Welpe ist nun schon so groß geworden, dass er wieder neue Orte entdecken kann. Spazieren Sie mit dem kleinen Vierbeiner nun einmal pro Woche an belebte Orte. Vergessen Sie dabei nicht, die Leckerlis für Belohnungen mitzunehmen.
- Versuchen Sie mit Ihrem Welpen während dem Spaziergang angeleint an anderen Hunden vorbeizugehen. Er soll lernen diese nicht zu beachten. Nehmen Sie hierfür Leckerlis mit und lenken ihn zu Not ab. Loben Sie Ihren Vierbeiner, wenn dieser es schafft, an den Artgenossen vorbeizulaufen.

Diese Übungen sollten Sie mit Ihrem Welpen in dieser Woche üben:

- Üben Sie das Kommando „Schau“ nun einmal mit viel Ablenkungen.
- Die Kommandos „Platz“ und „Bleib“ sollten nun zweimal täglich geübt werden.

Woche 7 – Die Zeit vergeht so schnell

- Ihr Welpe ist nun schon größer geworden.
- In dieser Woche sollten Sie besonders darauf achten, dass Ihre kleine Fellnase unterwegs nicht alles isst. Genau das gleiche gilt auch für Pflanzen, Nahrungsmittel und Haushaltsgegenstände. Ihr Hund sollte diese Dinge nicht essen, da sie gefährlich für ihn werden können. Greifen Sie hier durch und seien Sie konsequent.

Diese Übungen sollten Sie mit Ihrem Welpen in dieser Woche üben:

- Üben Sie in dieser Woche das Kommando „Fuß“ ohne Leckerchen. Probieren Sie diese Übung täglich.

Woche 8 – Die Welpenzeit ist bald zu Ende

- Ihr Welpe hat einiges bereits gelernt. Es gilt immer wieder das Gelernte auch zu fixieren und nochmals weiter auszubauen.
- Versuchen Sie ruhig weitere Spiele in den Alltag zu integrieren und Ihrem Hund immer neue Anreize zu bieten.

Diese Übungen sollten Sie mit Ihrem Welpen in dieser Woche üben:

- Bauen Sie das allein bleiben immer weiter aus.
- Rufen Sie Ihren Vierbeiner, während dem Spielen und achten Sie darauf, dass er zu Ihnen kommt.

Woche 9 – Das Leben mit dem Junghund beginnt

- Nun haben Sie die Welpenzeit hinter sich gebracht und Ihr Vierbeiner hat sich bei Ihnen eingelebt.
- Sie können immer neue Situationen wie den Besuch am Bahnhof oder auch Familienfeste mit dem Hund üben.
- Probieren Sie während dem Spaziergang auch einmal aus, wie Ihr Hund auf andere Tiere reagiert. Achten Sie darauf, dass Sie ihn angeleint lassen.

Diese Übungen sollten Sie mit Ihrem Welpen in dieser Woche üben:

Üben Sie ganz bewusst, dass Ihr Hund sich nicht für andere Tiere wie Wild oder auch Katzen interessiert. Nehmen Sie hierfür ein Leckerli oder das Spielzeug. Sobald Ihr Hund beginnt auf das andere Tier zuzugehen, versuchen Sie ihn mit den Leckerlis oder dem Spielzeug abzulenken. Lassen Sie Ihren Vierbeiner immer stets angeleint und üben Sie dieses Verhalten immer wieder.

Schlusswort

Liebe Leserinnen und Leser,

an dieser Stelle möchte ich mich herzlich bei Ihnen bedanken, dass Sie sich für den Kauf dieses Welpen-Erziehungsratgebers entschieden haben.

Ich hoffe, Sie konnten viele neue wertvolle Erkenntnisse daraus mitnehmen und auf dieser Grundlage nun ein gutes Verhältnis zu Ihrem felligen Familienneuzugang gestalten. Es war mir ein Anliegen, Ihnen umfassende Basisinformationen zu vermitteln, die Sie im Alltag mit Ihrem Welpen unterstützen und Ihnen wichtiges Hintergrundwissen vermitteln sollen. Wer einige Dinge im Erziehungsalltag beherzigt, kann damit den Grundstein für ein glückliches gemeinsames Leben legen. Ihr kleiner vierbeiniger Freund wird Ihnen Ihre Liebe, Ihren geduldigen Einsatz und Ihre mühsame Erziehungsarbeit danken. Genau wie wir Menschen lernen auch Hunde lebenslang Neues hinzu. Somit ist es von großer Bedeutung für beide Seiten einen guten Anfangspunkt zu setzen und eine gemeinsame Bindung aufzubauen.

Haben Sie keine Angst davor, etwas falsch zu machen. Fehler können passieren, doch auch Sie werden immer mehr mit Ihrem Welpen zusammenwachsen und dazulernen.

Lassen Sie die Zeit mit Ihrem Welpen offen auf Sie zukommen, begegnen Sie dem kleinen Tier sehr achtsam und respektieren Sie seine Bedürfnisse. Dieses kleine niedliche Lebewesen ist nun auf sie angewiesen, wird Sie aber treu auf Ihrem weiteren Lebensweg begleiten. Der Vierbeiner ist ein sehr liebevoller Begleiter durch die unterschiedlichen Herausforderungen und Situationen des Lebens. Ich wünsche Ihnen von Herzen, dass Sie Ihre Welpenzeit genießen und viele fröhliche, schöne und unvergessliche Momente mit Ihrem Vierbeiner erleben.

Haftungsausschluss

Die Umsetzung aller enthaltenen Informationen, Anleitungen und Strategien dieses E-Books erfolgt auf eigenes Risiko. Für etwaige Schäden jeglicher Art kann der Autor aus keinem Rechtsgrund eine Haftung übernehmen. Für Schäden materieller oder ideeller Art, die durch die Nutzung oder Nichtnutzung der Informationen bzw. durch die Nutzung fehlerhafter und/oder unvollständiger Informationen verursacht wurden, sind Haftungsansprüche gegen den Autor grundsätzlich ausgeschlossen. Ausgeschlossen sind daher auch jegliche Rechts- und Schadensersatzansprüche. Dieses Werk wurde mit größter Sorgfalt nach bestem Wissen und Gewissen erarbeitet und niedergeschrieben. Für die Aktualität, Vollständigkeit und Qualität der Informationen übernimmt der Autor jedoch keinerlei Gewähr. Auch können Druckfehler und Falschinformationen nicht vollständig ausgeschlossen werden. Für fehlerhafte Angaben vom Autor kann keine juristische Verantwortung sowie Haftung in irgendeiner Form übernommen werden.

Urheberrecht

Impressum

2020

1. Auflage

Kontakt:

Thomas Ulbricht

Fritz-Lesch-Str. 35

13053 Berlin

leseschmiede@gmail.com

Printed in Poland
by Amazon Fulfillment
Poland Sp. z o.o., Wrocław

36082726R00076